Kurt Grobecker
Sagenumwoben – romantikverklärt

Kurt Grobecker

Sagenumwoben – romantikverklärt

IMPRESSIONEN ZUR KULTURGESCHICHTE DES RHEINS

Illustrationen von Heinz-Joachim Draeger

CONVENT

Umschlagentwurf: Peter Albers
Satz und Reproduktion: KCS GmbH, Buchholz/Hamburg
Druck und Bindung: Druckerei zu Altenburg GmbH, Altenburg
ISBN 3-934613-29-2

Inhalt

Willkommen an Bord von MS »River Cloud«!

»Formschön und schlank ist sie«, schrieb ein Journalist nach der Taufe der »River Cloud«, »liebenswert und elegant, langgestreckt und anschmiegsam, gerade so, als wolle sie im vertrauten Tête-à-tête mit den Flußgöttern um deren Gunst werben.«

Ich bin stolz auf dieses Schiff, und ich bin sicher, daß es sich der Gunst der Götter und der Liebe aller Ästheten gewiß sein darf.

Die »River Cloud« ist die kleine Schwester, gewissermaßen der »Flußableger«, unserer großen und großartigen Luxussegler, die unter den Namen »Sea Cloud« und »Sea Cloud II« auf den Weltmeeren zu Hause sind. Eine solche Familienzugehörigkeit verpflichtet! Auch die »River Cloud« ist ein Fünf-Sterne-Schiff. Auch sie bietet den unübertrefflichen Luxus in der Ausstattung wie im Service. Ein Hauch von Orient-Expreß umfängt die Passagiere auf diesem Schiff, denn das hochwertige Interieur auf den drei Passagierdecks ist dem Traumzug der dreißiger Jahre nachempfunden. Messing und Teak, die klassischen maritimen Materialien, bestimmen das Flair. Feinstes Rosenholz mit einer sorgfältig ausgewählten Maserung setzt der Innenausstattung der »River Cloud« ihre Glanzlichter auf.

Mit diesem Schiff den Rhein zu »erfahren«, ist immer wieder ein überwältigendes Erlebnis.

Es gibt keinen Fluß, der die Seele mehr beflügelt, als den Rhein. Nicht nur die deutsche Seele, aber sie am nachhaltigsten!

Es gibt auch keinen Fluß, der die Phantasie mehr anzuregen imstande wäre, als die 1320 Flußkilometer zwischen Basel und Rotterdam, wobei das in besonderem Maße für das von Poeten am meisten besungene Stuck zwischen Rüdesheim und Bonn gilt.

Dafür gibt es sogar einen Kronzeugen mit Nobel-Preis-Status:

Harte Herzen, kalte Hirne, starke Männer seien weich, warm und schwach geworden, so hat es der sicher nicht ganz unparteiische Rheinländer Heinrich Böll formuliert, »wenn sie per Dampfer von Bonn bis Rüdesheim durch diese düstere, großartige Urlandschaft fuhren, die der Rhein geformt hat und immer noch beherrscht«.

Das soll nun ganz und gar nicht heißen, daß uns der Rhein nördlich von Bonn und südlich von Rüdesheim nichts zu sagen hätte. Seine Romantik und seine Mythen blühen im, am und auf dem Fluß zwischen der Quelle und dem Mündungsdelta. Und sie blühen sogar noch dort phantasieanregend, wo die Luft schwerer und die Ufer flacher sind als auf dem Stück, für das Heinrich Böll seine Dichterhand gerührt hat.

Der Hamburger Rundfunkjournalist und Schriftsteller Kurt Grobecker, Autor unserer Bücher über die »Sea Cloud«, hat für uns mit spitzer Feder ein kleines, unterhaltsames Feuilleton über die Kulturgeschichte des Rheins geschrieben, und der Maler und Zeichner Heinz-Joachim Draeger hat die Ereignisse aus längst vergangenen Tagen und Nächten ins Bild gesetzt. Das kann und will keine vollständige Kulturgeschichte des Rheins sein. Es sind Gedankensplitter, die sich einem Autor aufdrängen, wenn er auf dem Rhein unterwegs ist.

Ich wünsche Ihnen, daß diese kleine bibliophile Kostbarkeit dazu beiträgt, Ihre »River Cloud«-Reise zu einem besonderen Erlebnis werden zu lassen.

Herzlichst
Ihr Hermann Ebel

Der Rhein: Ein grandioses Naturereignis

Als die Eiszeit ihre gewaltigen Gletschermassen von den Alpen in Richtung Norden in Bewegung setzte, zwang sie den Rhein in seine heutigen Bahnen. Endgültig – oder doch fast endgültig. Denn manches, was sich die Schöpfung ausgedacht hatte – und siehe: Es war eigentlich recht ordentlich –, paßte nicht in das Konzept des Menschen. Was sollte er mit einer von Hochwasser und unberechenbaren Überschwemmungen drangsalierten Sumpflandschaft an den Ufern und in den Flußniederungen eines sei es auch noch so überzeugenden Naturwunders anfangen? Fruchtbares Ackerland war gefragt, um hungrige Mäuler zu stopfen, und nicht versumpfte Auen, aus denen heraus sich im Sommer Fieber und andere unberechenbare und todbringende Krankheiten verbreiteten.

Das alles verändernde Zauberwort wissenschaftsbesessener Geographen und zukunftsgläubiger Ingenieure an der Wende zum 19. Jahrhundert lautete »Rheinkorrektur«.

»Wird der Rhein rektifiziert«, schrieb ein ingeniöser Geist an die badische Regierung just in dem Jahr, in dem sich Napoleon in Rußland kalte Füße holte, in dem die Arbeiter im englischen Nottingham zu Maschinenstürmern wurden und in dem der Rheinländer Ludwig van Beethoven seine 7. und gleich auch noch die 8. Symphonie ablieferte, »wird alles längs des Stroms anders sein«.

Anders schon. Aber niemand fragte, ob besser oder schlechter. Man vertraute dem Mann einfach. Und der machte sich mit Eifer an die Arbeit. Bis 1876 wurde emsig gebuddelt und geschaufelt, wurden Flußschleifen begradigt, Seitenarme abgeschottet und Molen angelegt, die den Fluß verengten und seine Strömungsgeschwindigkeit je nach Bedarf verringerten oder beschleunigten.

Der Rhein erwies sich als kooperativ, baute eifrig mit an seinem neuen Bett und akzeptierte es, daß man ihn am Ende um 80 Kilometer verkürzt hatte.

Seine Gegenleistung: Überschwemmungen wurden seltener, aber wie wir heute wissen: manchmal auch heftiger.

Sein Preis: Wasser wurde von Zeit zu Zeit knapp, und die Anwohner an beiden Ufern mußten tiefer bohren, um an Grundwasser heranzukommen.

Der Attraktivität des Rheins als grandioses Naturereignis haben solche Eingriffe nichts anhaben können. Wenngleich das »Naturerlebnis« des germanischsten aller Flüsse – und das ist ein erstaunlicher, aber nicht widerlegbarer Tatbestand – keine deutsche Erfindung war. Die Rheinromantik im Sinne pittoresker Landschaftsästhetik haben zunächst die Briten entdeckt, deren Maler und Literaten mit hohen Ansprüchen über den englischen Kanal kamen und mit noch höheren an die Schönheiten ihres eigenen Inselreichs zurückreisten.

Romantik »very british«

Wohlstand ist allemal ein fruchtbarer Boden für grenzüberschreitenden Tourismus. Die »Georgian Period«, die dem victorianischen Zeitalter voranging, hatte England wohlhabend und seine »upper classes« reiselustig gemacht. »Grand Tours« wurde zur Pflichtübung für dilettierende Adlige und Intellektuelle, reiche Bürgersleute, Schriftsteller und Maler. Und der Rhein war ihr bevorzugtes Ziel. Der Maler William Turner, in jüngster Zeit zu neuer Popularität aufgestiegen, porträtierte die Rheinlandschaft nach Napoleons Kontinentalsperre bis 1844 häufiger und überzeugender als jeder andere seiner Zunft.

Als sich die Kunstfreunde staunend um die Werke des William Turner drängten und die Kritiker wohlwollend nickten, hatte der Dichter William Beckford schon das verbale Fundament für all die Träume, Gedankenwanderungen und Einfälle (so der Titel seines Gedichtbandes) gelegt, auf denen die Märchenromantik des Rheins blühen und wuchern konnte. Kaum einer der Großen und Wortgewaltigen, angefangen bei Percy B. Shelley – der mit seiner ebenfalls schreibenden, für Schauerromantik stehenden Frau Mary die Schluchten und Schlösser durchstreifte – über den großartigen Lord Byron, dessen romantisierende Sicht nicht nur seine eigenen Zeitgenossen aufhorchen ließ, bis hin zu George Meredith, William Thackeray und Thomas Hood, die eben diese Sicht bissig parodierten und damit ihren eigenen schriftstellerischen Exodus einleiteten. Ihre Sichtweise hatte nicht dazu beigetragen, den Rhein zum touristischen Traumziel des frühen 19. Jahrhunderts werden zu lassen. Allein schon deshalb nicht, weil sie viel zu spät kam, um noch zum Auslöser des großen Aufbruchs werden zu können.

Je höher der Rang einer Standesperson, desto zwingender die selbstauferlegte Verpflichtung, wenigstens einmal im Leben auf »Father Rhine's« Wellen dahinzugleiten.

Selbst Ihre Majestät Königin Victoria hat es sich genau acht Jahre nach ihrer

Krönung nicht nehmen lassen, auf einen Sprung in das Land ihres Prinzgemahls zu reisen und eine Rheinfahrt zu absolvieren. Allerdings – so berichten Chronisten – habe es Bindfäden geregnet, als die Königin in Köln an Bord eines Dampfschiffs gegangen sei. Und als Ihre Majestät samt Gefolge den Dampfer in Mainz wieder verlassen habe, seien immer noch Sturzbäche vom Himmel geflossen. Und so sei die ohnehin immer etwas mürrisch dreinschauende Königin verständlicherweise »not very amused« gewesen.

Der Romantik des sagenumwobenen Vater Rhein werden die widrigen meteorologischen Umstände kaum Abbruch getan haben. Und des werbewirksamen Prädikats »By Appointment of Her Majesty« bedurfte der Rhein ohnehin nicht mehr; denn inzwischen hatten auch deutsche Literaten ihr landschaftliches Juwel im Herzen Europas entdeckt und sich für das Landschaftswunder auf den Pegasus geschwungen.

Die Briten, die dem Rhein einst den Glorienschein der Romantik aufsetzten, haben sich im Laufe der Jahre ein wenig aus ihrer schwärmerischen Begeisterung zurückgezogen und den dafür anfälligen Amerikanern das Feld überlassen. Ein Brite war es auch, der das einst so überschwengliche Urteil seiner Landsleute über unseren Rhein auf das ihm gebührende Maß zurechtstutzte. Der Rhein, so behauptete der Engländer Morton, nachdem er den Caledonian Canal am schottischen Loch Ness durchfahren hatte, könne da beim besten Willen nicht mithalten. Die Gleichförmigkeit von Bergen, Schlössern und versprenkelten Weinbergen verliere auf Dauer ihre Reize und ermüde, sehe man einmal von St. Goar und Bingen ab. Der Great Glen aber, durch den der Caledonian Canal führt, der sei lustvolle Extravaganz.

Wie man's auch dreht und wendet: Liebe läßt sich nicht wegdiskutieren, allenfalls kann man ihr gestatten, in Agonie zu verfallen, und darauf hoffen, daß ein anderer die Vorzüge des einst umschwärmten Objekts entdeckt.

Dieser »Andere« steht schon auf der Matte! Dem Schicksalsfluß der Deutschen – zumindest spärlichen 65 Kilometern von ihm – wird möglicherweise die Ehre zuteil werden, die ihm zukommt. Bei der UNESCO in Paris liegt ein Antrag der hessischen und der rheinland-pfälzischen Landesregierung, das Obere Mittelrheintal in die Liste des Weltkulturerbes aufzunehmen. Die Begründung

dafür leuchtet ein: Das Tal vom linksrheinischen Bingen und dem gegenüberliegenden Rüdesheim bis zu dem sich auf beide Seiten des Flusses erstreckenden Koblenz beschreibt der Antrag als ein weltweit herausragendes Beispiel für eine Kulturlandschaft. Es geht um ziemlich genau 620 Quadratkilometer einer Landschaft, »die sich organisch entwickelt hat und deren Entwicklungsprozeß noch im Gange ist, die herausragende Zeugnisse der Kunst, Geschichte und der Interaktion zwischen Menschen und Natur aufweist und deren Rezeptionsgeschichte eng verknüpft ist mit dem geistigen, insbesondere künstlerischen und literarischen Leben Europas«.

170 000 Menschen bevölkern das möglicherweise künftige Weltkulturerbe; 40 Burgen stehen hier und wollen gepflegt und unterhalten werden!

Wenn dem in feinster Bürokratensprache abgefaßten Antrag im Juni 2002 entsprochen würde, befände sich das Obere Mittelrheintal in der sicher nicht verachtenswerten Gesellschaft etwa der Reisterrassen in den philippinischen Kordilleren, des nördlichen Lappland oder – verwandtschaftlich etwas näher – des Loiretales zwischen Sully und Chalonnes.

»Berg und Burgen schaun herunter ...«

Heinrich Heine, der heiße Gefühle so eiskalt mit Tinte zu duschen verstand, daß sie zu beißendem Zynismus erstarrten, ist im Angesicht des Rheins eine poetische Schrecksekunde lang dahingeschmolzen:

> *»Berg und Burgen schaun herunter«,*
> reimte er stilsicher,
> *»in den spiegelhellen Rhein.*
> *Und mein Schiffchen segelt munter*
> *ringsumglänzt von Sonnenschein.«*

Sogleich aber verdüsterte er das Bild der so fröhlichen Landschaft:

> *»Freundlich grüßend und verheißend,*
> *lockt hinab des Stromes Pracht.*
> *Doch ich kenn ihn, oben gleißend*
> *birgt sein Innres Tod und Nacht.«*

Legte der scheinbar zu allem fähige Rheinstrom hier so etwas wie die zwei deutschen Seelen frei, die auch in seiner, des Dichters, Brust wohnten?

Selbst Friedrich Nietzsche, nicht weniger deutsch und, weiß Gott, keiner der unerschütterlichen Optimisten deutschen Geistes, hat dem Zauber der Natur am Rheinufer eher Positives abzugewinnen gewußt, wenn er die »plötzlich erquickende, atemlose Naturstille« beschwor und wenn er den leichten Abendhauch von den grünlich glitzernden Wellen des Rheins die heißen Gesichter kühlen ließ.

Ganze Dichtergenerationen haben ihre unverhohlene Begeisterung darüber in Verse gefaßt, daß aus der Kraft des Rheins nicht nur heiße Gesichter zu kühlen waren, sondern aus der Kraft seiner Hänge auch die durstige Seele. Großzügig sahen sie darüber hinweg, daß der gute alte Bacchus in seiner Glückseligkeit meistens etwas dümmlich in die Welt schaut. Vielleicht ist es gerade das, was seine Jünger mit Lust erfüllt.

Matthias Claudius, der »Wandsbeker Bote« aus dem weinlosen Norden, machte sich zum Sprecher, zu einem der vielen, aus der Fraktion der Rheinwein-Apologeten und empfahl:

»Bekränzt mit Laub den lieben, vollen Becher,
und trinkt ihn fröhlich leer!
In ganz Europa, ihr Herrn Zecher,
ist solch ein Wein nicht mehr!«

Das klingt wie ein Stück aus einer Marketingfabrik und ist doch feinste Poesie! Und einleuchtendes Bekenntnis. Der Rhein als Glücksvermittler? Der Rhein als Lustbringer gar? Der Rhein als Hort der Lebensfreude und überschäumenden Heiterkeit?

Der bereits zitierte Heinrich Böll hält dagegen: Als Rheinländer sei er bereit, dem Rhein alles zu glauben, nur eben nicht seine sommerliche Heiterkeit. Er habe diese Heiterkeit zwar stets gesucht, aber er sei nie fündig geworden. Sein Rhein, so verkündete er sicher nicht ohne einen wohlkalkulierten Anflug provozierender Koketterie, sei dunkel und schwermütig, zu sehr ein Fluß händlerischer Schläue, als daß er ihm sein sommerliches Jungengesicht noch glauben könnte.

Goethe, der alte Genießer, hat sich wenigstens zeitweilig aus der Schiedsrichterrolle in dieser ernsten Angelegenheit herausgehalten und die Nachwelt – für einen Geistesheroen fast ein bißchen banal – wissen lassen, »rechts sind schöne Weinberge und Gärten, der Fluß strömt über Felsbänke mit mehr oder weniger Rauschen«.

Mehr oder weniger *be*rauschen lassen haben sich alle, die auf ihren Dichterruf hielten und glaubten, »dem schönen deutschen Rhein« etwas schuldig zu sein: Brentano und Armin und Schlegel, die an den Rheinhängen außer den Reben mit ihren prallen Trauben auch noch die blaue Blume der Romantik zu finden hofften.

Nicht zurückstehen wollten jene, die aus dem »deutschen Rhein« ein politi-

sches Programm zu machen trachteten, die vom »welschen Tand« tönten und von »Teutschlands Strom, aber nicht Teutschlands Grenze«, die am »freien deutschen Rhein« die »Wacht am Rhein« mit solch nationalistischem Getöse halten wollten, daß Heinrich Heine seinem Rhein das seufzende Bekenntnis ablauschte, er (der Rhein nämlich) möchte sich ob solcher Ergüsse den weißen Bart zerraufen und sich am liebsten in sich selbst ersaufen.

Wie dem Vater Rhein angesichts der zum Dreivierteltakt geträllerten Trivialliteratur deutschen Karneval-Liedguts zumute ist, hat ihm noch niemand abgelauscht. Vielleicht drückt er ein Auge zu, wenn sich zum hundertsten Mal Wein auf Mägdelein reimt, Reben auf Leben und Prost auf Trost. Er hält ja die Medizin bereit, mit der sich Unbehagen schnell herunterspülen läßt, wenn der flügellahme Pegasus rheinischen Frohsinns wieder einmal abgestürzt ist, mitten hinein in die Masse lärmender Jecken.

Das schönste literarische Kompliment, das dem Rhein je gemacht wurde, stammt übrigens nicht von einem Deutschen. Der Franzose Victor Hugo hat es erfunden und damit seine Wertschätzung des Rheins als einem Phänomen ausgedrückt, das gleichsam alle kulturellen und emotionalen Gegensätze dieser Welt in sich vereinigt:

»Der Rhein ist schnell wie die Rhône, breit wie die Loire, eingeschlossen wie die Meuse, gewunden wie die Seine, hell und grün wie die Somme, geschichtlich wie der Tiber, königlich wie die Donau, geheimnisvoll wie der Nil, goldbesät wie ein Strom Amerikas, voll von Sagen und Geistern wie ein Strom Asiens.«

Neandertaler, Kelten und Germanen

Nehmen wir den weitgereisten und urteilssicheren Monsieur Hugo beim Wort. Und den Rhein bei seiner Geschichte!

Als der Neandertaler, vor knapp anderthalb Jahrhunderten in der Nähe der Rheinstadt Düsseldorf ausgegraben, die Phantasie der Frühgeschichtler neu beflügelte, hatte der Liebenswert-Bärtige das Zeitliche längst gesegnet. »Ausgestorben vor 30 000 Jahren«, steht in seinem archäologischen Nachruf. Auf ein paar Jahre mehr oder weniger kommt es dabei nicht an. Und viel mehr als reichlich Steinwerkzeuge hat er in das menschliche Kulturerbe ohnehin nicht eingebracht.

Riskieren wir einen Sprung in die Zeiten von Asterix und Obelix: Die Kelten waren in der Rheingegend »Zugereiste« aus dem Osten. Sie hatten das Rheintal, aus welchen Gründen auch immer, für ansiedelnswert gehalten. Sie hatten Gallien besetzt (dem sie seinen Namen gaben), und sie beherrschten ungefähr das, was wir heute Europa nennen bis hin nach Kleinasien.

Die Kelten werden als groß und stark geschildert. Auffällig waren ihre weiße Haut und ihr rötliches Haar, dessen Farbe sie »künstlich noch röter zu machen suchten«. Und sie hatten Berichten zufolge blaue Augen und trotzige Gesichtszüge. Sie waren zanksüchtig, eitel und leichtgläubig, übermütig, prahlerisch und kriegslustig. Ihre Sprache empfanden die etwas gebildeteren Römer als rauh und unfreundlich. Ihre Schwerter trugen sie an eisernen Ketten schräg zur Seite. Wurfwaffen, Pfeil und Bogen verschmähten sie. Am liebsten, so heißt es, hätten die Kelten zu Pferd oder auf dem Streitwagen gekämpft. Besonders ihre Ritterschaft hätte den Kampf Mann gegen Mann geliebt und ihre Feinde immer wieder dazu aufgerufen. Diese allerdings hätten der direkten Konfrontation nicht immer Geschmack abgewinnen können.

»Nur durch geschickte Benutzung ihrer inneren Streitigkeiten«, heißt es in einer Chronik, »und dadurch, daß sie die erste Hitze des Angriffs verbrausen ließen, gelang es ihren Gegnern schließlich, gegen sie die Oberhand zu gewinnen.«

Die Germanen, die von der Nordseeküste her Herrschaftsansprüche über weite Teile des von den Kelten beherrschten Territoriums anmeldeten, konnten ein Lied von der keltischen Kampfesfreude singen; denn ihre Eroberungszüge gegen die Kelten waren alles andere als Spaziergänge. Sie machten mit den Kelten genau das, was diese zuvor mit anderen Völkern praktiziert hatten: Sie breiteten sich in deren Herrschaftsgebiet aus, vertrieben die alten Machthaber oder vermischten sich mit ihnen und unterwarfen auch eine Reihe anderer Völker, die bis dahin unter keltischem Einfluß gestanden hatten.

Schon der Ruf, der den Germanen voranging, reichte aus, um der Welt einen gehörigen Schrecken einzujagen. Die Römer tadelten die germanische Härte und Grausamkeit, ihre Roheit und ihren Mangel an feiner Gesittung. Aber sie hatten auch gute Eigenschaften bei den Germanen geortet: Gastfreundlichkeit und Ehrlichkeit, Offenheit und Freiheitsliebe, vor allem aber Treue!

Die Germanen hätten mit und von ihrem Ackerbau und von ihrer Viehzucht ganz komfortabel leben können, zumal die in Grenznähe lebenden Stämme nach und nach auch ins Handelsgeschäft mit den Römern einstiegen. Schmuck und Kleider nahmen sie besonders gern. Und dann natürlich Wein, der seit den Zeiten des Kaisers Probus am Rhein angebaut wurde.

Die Handelsgeschäfte bescherten den Germanen immerhin einen bescheidenen Luxus und halfen ihrer eigenen Handwerkskunst auf die Sprünge. Wäre da nur nicht ihre lästige Angewohnheit gewesen, von Zeit zu Zeit weit ins Römerreich einzumarschieren. Als Vergeltungsmaßnahme, wie sie meinten. Das aber behaupteten die Römer umgekehrt auch, die sich nicht scheuten, Germanien immer wieder zu besetzen und möglichst lange dazubleiben. Anfangs, so die gängige Meinung der Historiker, seien die Germanen den Römern in der Kriegskunst nicht gewachsen gewesen, aber sie hätten sich schließlich als gelehrige Schüler erwiesen.

Was die Römer mitbrachten, und was von den Kelten allerdings schneller kapiert wurde als von den Germanen, konnte sich sehen lassen: Lebensqualität vor allem, neue Formen der staatlichen Verwaltung und des bürger-

lichen Zusammenlebens, ein neues Rechtsverständnis und neue Spielarten der Kunst.

Die Römer praktizierten eine kluge Besatzerpolitik. Vor allem waren sie tolerant gegenüber den Sitten und Gebräuchen der »Barbaren«. Das erleichterte die Integration und die Vermischung der Kulturen. Als im zweiten und dritten Jahrhundert das Christentum bei den heidnischen Römern Fuß faßte, sickerte es nach und nach in die rheinischen Provinzen ein, wenn auch nur langsam.

Die Konfrontation von Römern und Germanen hat das Leben in den Rheinprovinzen vierhundert Jahre lang bestimmt. Dabei bildete der Rhein die natürliche Nordostgrenze des Römischen Reichs. Seit Cäsar die Kelten unterworfen und sich das linksrheinische Gallien einverleibt hatte – was den Lateinern unter uns durch »De bello gallico« so schmerzhaft eingebleut wurde –, saßen die römischen Legionen dort fest im Sattel. Auch wenn die Germanen immer mal wieder über die Grenze kamen und ihnen das Leben zur Hölle machten.

Die Gegenoffensive des Augustus

Kaiser Augustus gefiel das nicht, und er beschloß eine Gegenoffensive in mehreren Etappen, die seine Römer bis weit in den Norden an die Niederelbe führte. Vorübergehend gelang es, das Land mit einem Netz von römischen Provinzialverwaltungen zu überziehen. Aber die Germanen ließen sich die Butter nicht vom Brot nehmen! Die unterschiedlichen Germanenstämme schlossen sich gegen die Eindringlinge zusammen, und mit der Schlacht im Teutoburger Wald war der römische Traum von der Unterwerfung Germaniens ausgeträumt.

Der Limes Imperii Romani, die militärisch befestigte Grenze des Römischen Reichs, sicherte das Gebiet zwischen Rhein, Main und Donau strategisch. Aber die kriegserfahrenen Germanen hat der Limes mit seinen Kastellen und Militärlagern nur vorübergehend beeindruckt, und die Römer gerieten zunehmend unter den Druck der germanischen Stämme: Von Süden her drängelten die Bur-

gunder und Alemannen, im Norden versuchten die Franken die Weichen der Weltgeschichte neu zu stellen.

Chlodwig aus dem Geschlecht der Merowinger war der Frankenkönig, der die Römerherrschaft am Rhein 486 endgültig beendete. Dabei hatte Chlodwig nicht nur gegen die Römer, sondern auch gegen seine Gegner im Innern seines Landes zu kämpfen gehabt. Denn die Franken – das war ein buntes und ziemlich unübersichtliches Gemisch aus unterschiedlichen Germanenstämmen, deren Häuptlinge alle gern König spielen wollten. Solche inneren Machtkämpfe und die daraus entstehenden Querelen bilden oft ein Machtvakuum, das gelegentlich die zweite Reihe zum Zuge kommen läßt. Diese zweite Reihe waren die fränkischen Verwaltungsbeamten, die karolingischen Hausmeier. Sie witterten ihre Chance und degradierten die merowingischen Könige nach und nach zu ihren Handlangern. Konsequent arbeiteten sie darauf hin, sich die Krone aufs Haupt zu setzen und selbst Könige zu werden. Da bedurfte es nur noch der freundlichen Zustimmung eines wohlwollenden Papstes, und schon war die Sache für sie gelaufen.

König und Kirche – das war für die nächsten Jahrhunderte das Gespann, das die Politik in unseren Breiten bestimmte. Auf die Sachsen und Langobarden wurde unter kräftigem Applaus aus dem Vatikan so lange blutig eingedroschen, bis sie von den Vorteilen des christlichen Glaubens restlos überzeugt waren.

Pippin, schon zu Lebzeiten von seinen Zeitgenossen mit dem kennzeichnenden Beinamen »der Kurze« belegt, hatte die Merowinger 751 abgesetzt und sich selbst auf den Thron geschwungen.

Karl I. ließ sich im Jahr 800 in Rom zum Kaiser krönen. Er war der Mächtigste der Frankenherrscher, und die Nachwelt hat ihn zum glanzvollsten seiner Zunft erhoben und mit dem Attribut »der Große« in die Weltgeschichte eingeführt. Seine Regentschaft signalisiert bereits den Höhepunkt der Karolingermacht. Unter ihm erstreckte sich das Frankenreich bis an die Elbe und die Saale. Das aber war's dann auch. Nach dem Tode Karls fiel das Reich durch eine Reihe von Erbstreitigkeiten zwischen Karls Sohn Ludwig dem Frommen und dessen Söhnen auseinander. Am Ende existierten ein Westfränkisches und ein

Ostfränkisches Reich, die Wessis und die Ossis des Mittelalters gewissermaßen, die sich schwertaten, miteinander auszukommen.

Jetzt erlebten die Karolinger, was den Merowingern einhundert Jahre zuvor widerfahren war: Die Geschichte lieferte ihnen eine Art Kopie ihrer selbst: Die karolingischen Könige waren zu schwach, ihre Länder gegen Feinde, die aus dem Norden und Osten heranstürmten, wirksam zu verteidigen. Auch dieses Mal stand die zweite Reihe Gewehr bei Fuß. Als es schließlich bei den Karolingern im Ostfränkischen nicht einmal mit dem Nachwuchs so recht klappen wollte und die Linie ausstarb, hielten die Stammesfürsten ihre Stunde gegenüber den lendenlahmen Herrschern für gekommen und wählten einen König aus ihren eigenen Reihen.

Die Wahl fiel 936 auf den Sachsenherzog Otto. Er mußte zwar ein Vierteljahrhundert warten, bis man ihm die Kaiserkrone aufsetzte. Dann aber auch gleich die richtige: Weil sich Otto in der Nachfolge der antiken römischen Kaiser sehen wollte, nannte er sein Reich »Heiliges Römisches Reich Deutscher Nation«.

Weit mehr als anderthalb Jahrtausende europäischer Geschichte haben ihre Spuren zu beiden Seiten des Rheins hinterlassen. So ist denn die Fahrt auf diesem Fluß neben vielem anderen auch eine Geschichtslektion, wie sie eindringlicher nicht sein kann!

Sagenumwoben und kitschumkränzt

Kurt Tucholsky hat das Wort vom sagenumwobenen und kitschumkränzten Rhein geprägt. Ein bißchen zu streng vielleicht, aber sicher auch nicht ganz falsch.

Lassen wir sie also – jedenfalls wenigstens ein paar von ihnen – Revue passieren: Helden und Drachen, Riesen und Zwerge, Hexen und all die anderen guten und bösen Geister, die der Rhein geboren hat und die in den Seelen der Menschen Quartier bezogen haben. Allen voran Siegfried, der Urvater aller deutschen Helden, blond, blauäugig, mutig, stark und ziemlich ehrlich.

Siegfried war mit dem vielzitierten goldenen Löffel im Mund zur Welt gekommen, was ihm schon mal eine gute Ausgangsposition im Kampf ums Dasein sicherte. Er war der Sohn eines mächtigen Königs aus Xanten am Niederrhein. Da Adel auch damals schon verpflichtete, schiffte sich Siegfried ein, um im stromaufwärts gelegenen Land der Nibelungen einen folgenreichen Auftrag zu erfüllen: Er sollte so etwas wie ein Testamentsvollstrecker sein und den unermeßlichen Schatz des Zwergenkönigs Nibelung – was soviel bedeutet wie »Sohn des Nebels« – unter dessen beiden Söhnen gerecht aufteilen. Da war Ärger vorprogrammiert; denn natürlich war keiner der beiden mit dem Spruch des Schiedsrichters zufrieden. Im Streit blieben ein paar Hochwohlgeborene und reichlich Fußvolk auf der Strecke. Der blonde Held erschlug nicht nur ein Dutzend Riesen und 700 tapfere Recken, sondern auch die beiden Könige Schilbung und Nibelung. Und da ein richtiger Held nach dem Motto »wenn schon, denn schon« handelt, beanspruchte er obendrein auch noch den Namen Nibelung für sich und seine Mannen. Was schon ungewöhnlich war und ungefähr so, als hätten sich die Amerikaner nach Hiroshima und den Folgen das Recht ausbedungen, sich künftig Japaner nennen zu dürfen.

Dem Zwerg Alberich, den Siegfried zum Hüter des Nibelungenschatzes machte, nahm er seine angestammte Tarnkappe ab. Zwar hatte der gute Sieg-

fried noch keine Ahnung, wozu er das Beutestück jemals gebrauchen würde. Aber auf jeden Fall schon mal einzusacken, was man haben konnte – das zeugte von einem bemerkenswerten Sieger-Weitblick.

Zunächst einmal jedoch war noch nichts mit Tarnung! Im Gegenteil: Offenes Visier war angesagt. Auf einem Fels nahe Königswinter am Rhein herrschte ein fürchterlicher Drache, dem die Bewohner der Gegend eifrig ihre knackigsten Jungfrauen opferten. Da Siegfried als Mann von Stand und folglich Kavalier der nicht zu widerlegenden Ansicht zuneigte, die Jungfern seien doch eigentlich einer edleren Verwendung zuzuführen als einem Drachen zum Fraß vorgeworfen zu werden, kletterte er kurzentschlossen auf den Felsen hinauf und erlegte das jungfrauenverzehrende Ungeheuer. Dabei floß viel Drachenblut, das Siegfried für ein wunderbares Blutbad nutzte. Dieses Blut überzog ihn mit einer schützenden Hornhaut, durch die kein Schwert und keine Lanze dringen konnten. Nur an einer einzigen Stelle zwischen den Schulterblättern hatte ein heruntergefallenes Blatt einer schönen deutschen Linde, einer Tilia platyphyllos, das Entstehen des schützenden Panzers verhindert. Daß Siegfried seine Achillesferse zwischen den Schulterblättern trug, sollte ihm zum Verhängnis werden.

Zunächst aber trieb es ihn zwecks erotischer Lusterfüllung in die Hauptstadt des Burgunderreichs, nach Worms. Dort lebte die sagenhaft schöne Königstochter Kriemhild, argwöhnisch bewacht von den Brüdern Gunther, Gernot und Giselher. Und von Hagen, der dem König Gunther als Dienstmann verbunden und ihm – obwohl Burgunder – in der sprichwörtlichen Nibelungentreue ergeben war. Er ging für seinen Herrn, so haben wir in der Schule gelernt, ohne nach Moral zu fragen, durch jedes Feuer. Notfalls bis zum eigenen bitteren Ende.

An dieser Stelle lohnt es sich, den Tugendpfad der Sage für einen Augenblick zu verlassen. Denn dieser Hagen hat in jüngster Zeit, wie überhaupt das gesamte Heldenepos, in den Büchern des Romanciers Stephan Grundy besondere literarische Aufmerksamkeit gefunden.

Da wurde die Frage aufgeworfen, wie die mittelalterliche Welt beschaffen gewesen sein mußte, in der sich Hagen zum »Problemcharakter« entwickelte, und da haben kluge Schreiber die Hintergründe aufzuhellen versucht, »wo das Problem der Treue für ihn zu Beginn des fünften Jahrhunderts überhaupt gelegen haben könnte: in den religiösen und politischen Unwägbarkeiten nämlich, der multikulturellen Völkerwanderungszeit, die durch die gebrochenen Loyalitäten im Nebeneinander von römischem Christentum, altem Germanenglauben und Resten von Schamanentum geprägt war«.

So ist dieser Hagen denn eher eine tragische Figur als ein rechter Erzbösewicht, auch wenn das vordergründig so aussieht. Er ist es nämlich, der Siegfried bei seinem Bewerbungsgespräch um Kriemhild erkennt, als der das praktiziert, was man in neuhochdeutscher Sprachverfeinerung »anbaggern« nennt. Schnell steckte Hagen seinem König, daß es sich bei Siegfried nicht um die allerschlechteste Partie für seine Schwester handelte; denn immerhin war Siegfried der Herrscher über den Schatz der Nibelungen. Und er wird einmal König des Gebietes sein, das man anderthalb Jahrtausende später die Niederlande nennen wird. (Das aber sagte Hagen nicht, weil er es noch gar nicht wissen konnte!)

Dem Burgunder-Gunther gefiel das. Aber es war doch noch zuwenig. Brüder schöner Schwestern verstehen einiges vom Pokern um die Seele der kleinen Schwester. Und so handelte er dem künftigen Schwager zunächst noch die Zusicherung ab, ihm ein paar Kastanien aus dem Feuer zu holen. Er sollte »Proben seiner Kriegskunst« ablegen, wie man das in den Kreisen der beiden Herren auszudrücken pflegte. Da es gegen die Sachsen ging, die er nicht mochte, war Siegfried schnell bei der Sache. Vor allem aber sollte der Schwager in spe noch nicht haben, was Gunther selbst einstweilen nicht vergönnt war. Also verpflichtete er das neue Familienmitglied im Wartestand, ihm selbst erst mal eine standesgemäße und wenn möglich auch noch ansehnliche Frau zu besorgen.

Unerotischer Zweikampf mit Brunhild

Den heißesten Tip hatte er vom Hörensagen aus dem kalten Island. Dort herrschte ein mächtiges und offenbar ziemlich handfestes, in schönster Walkürentradition aufgewachsenes Frauenzimmer namens Brunhild. Das königliche Kraftpaket hatte es sich in den Kopf gesetzt, sich im königlichen Bett nur von einem Mann besiegen zu lassen, dem dies vorher auch in anderen Disziplinen gelinge. Der ziemlich unerotische Zweikampf sollte aus Weitwurf, Speerwurf und Weitsprung bestehen.

Siegfried wollte die Hürde, die ihn einstweilen noch von Kriemhild trennte, auf jeden Fall nehmen; deshalb ließ er sich auf den Deal ein. Glücklicherweise hatte er ja noch die Tarnkappe von Alberich im Marschgepäck. Die streifte er an der Burg Brunhildes über und zeigte ihr im ritterlichen Zweikampf, was 'ne richtige Harke ist. Und natürlich besiegte er die rauflustige Dame.

Brunhild, als geradliniges nordisches Frauenzimmer mit hinterhältigen Tricks offenbar wenig vertraut, glaubte sich nicht von Siegfried, sondern von König Gunther besiegt und zeigte sich bereit, sich von ihrem vermeintlichen Bezwinger in den heiligen Stand der Ehe führen zu lassen.

Da Regierungschefs damals noch kostenbewußter waren als heute, entschlossen sich Siegfried und Gunther aus Rationalisierungsgründen zu einer (trotzdem noch recht kostenintensiven) Doppelhochzeit.

Als es dann allerdings nach der Feier so richtig zur Sache gehen sollte, hatte der arme Gunther doch noch den Kürzeren gezogen. Brunhild ließ ihn nämlich mächtig zappeln. »Sie wehrte sich«, wie es die Chronik feinfühlig formuliert, »in der Hochzeitsnacht mit dämonischer Kraft gegen Gunthers Minne und verlangte eine neue Kraftprobe außerhalb der Schlafstatt.«

Da mußte der arme Siegfried mit der Tarnkappe noch einmal ran. Und dieses Mal langte er richtig zu und scheint sich nicht mit dem Wettkampf auf dem Sportplatz begnügt zu haben.

Jedenfalls hat er der Brunhilde irgendwie ihren Ring und den Gürtel abnehmen können, wozu ja schon ein gehöriges Maß an Intimität gehört. Diese Beutestücke deponierte Siegfried bei seiner eigene Frau. Was sich im weiteren Verlauf der Affäre als entscheidender Fehler herausstellen sollte.

Inzwischen war Siegfried zusammen mit seiner Kriemhild nach Xanten gereist. Einerseits, um der neugierigen Familie seine Frischangetraute zu präsentieren, andererseits, um sich von seinem Vater Siegmund die Krone aufsetzen zu lassen. Das ganze Spektakel hätte in einer glücklichen, aber ziemlich spießigen Familienidylle enden können. Das aber ist nicht der Stoff, aus dem die großen Heldenepen geschmiedet werden! Sie beziehen ihre richtige Würze aus den Intrigen, die mehr oder weniger standesbewußte Ehegesponste zu spinnen imstande sind.

Und Kriemhild wie auch Brunhild waren standesbewußte Frauenzimmer! Anläßlich eines Familientreffens in Worms gerieten sie sich gehörig darüber in die Haare, wessen Gatte der Ranghöhere und mithin Würdigere sei. Denn davon hing es ab, wessen Ehefrau im Dom zu Worms der Vortritt gebührte.

Da Frauen von Zeit zu Zeit gern den Boden der Sachlichkeit verlassen und in ihrer Argumentation auf Nebenkriegsschauplätze ausweichen, entschloß sich Kriemhild zu einer überaus perfiden Intrige: Hämisch präsentierte sie ihrer Widersacherin die ihr von ihrem Mann überlassenen Beutestücke aus dem Besitz der Rivalin. Und sie kommentierte das ganze ziemlich schnippisch mit der Bemerkung, ob sie denn etwa nicht wisse, daß sie in jener bewußten Kampfnacht gar nicht Gunther unterlegen sei, sondern daß sich Siegfried im Schutz seiner Tarnkappe mit ihr verlustiert hatte. Natürlich drückte sie das vornehmer aus und sprach davon, daß Brunhild vom falschen Mann »geminnt« worden sei, was Juristen unserer Zeit als Erschleichung einer Dienstleistung bezeichnen.

Die Dame aus dem hohen Norden war ob dieser Mitteilung ziemlich sauer. Nachdem genug Tränen geflossen waren, beschloß sie, daß jetzt auch Blut zu fließen habe. Dazu wollte sie sich des Hagen bedienen, und der begann an dieser Stelle der Geschichte sein unanständiges aber politikergerechtes Ränkespiel: Kriemhild versprach er, Siegfried in bevorstehenden Schlachten beizustehen. Dafür aber müsse er – leider, leider – Siegfrieds verwundbare Stelle zwischen den Schulterblättern genau kennen. Zu was ist ein liebendes und gutgläubiges Weib nicht bereit? Kriemhild nähte auf das Gewand ihres Gemahls just dorthin eine Markierung, wo Siegfried die weiche Stelle hatte.

Auf einer großangelegten Jagd, jener Belustigung, zu der Manager unserer Zeit ihre Geschäftsfreunde einladen, um nach dem Halali Steuerhinterziehungsmodelle auszutauschen, wollte Hagen die Sache kurz und schmerzlos erledigen. Als sich der durstige Siegfried nach anstrengender Waidmannsarbeit über eine Quelle beugte, stieß ihm der hinterhältige Hagen den Speer zwischen die Schulterblätter.

Nun macht ein mausetoter Held keine gute Figur und ist außer für Epen nicht mehr zu gebrauchen. Kriemhild lebte fortan als trauernde Witwe in Worms. Da sie aber – weil die Geschichte ja irgendwie weitergehen muß – durch ein Zeichen der Vorsehung schon während der Trauerfeier für ihren Gatten Wind von dem Komplott bekommen hatte, sann sie auf fürchterliche Rache.

Nichts ist gefährlicher als die Rache einer trauernden Witwe, die noch dazu bereit ist, sich dabei viel Zeit zu lassen. Wer nämlich geglaubt hatte, nach 13 Jahren wären ihre Rachegelüste irgendwie verflogen, der hatte seine Rechnung ohne Kriemhild gemacht. Sie war um so wütender, als der gerissene Hagen auch noch den Nibelungenschatz gestohlen und eigenhändig irgendwo im Rhein versenkt hatte. Dafür, so spekulieren die Literaturhistoriker, könnte er einen guten Grund gehabt haben: So könnte er an die Möglichkeit gedacht haben, den Nibelungenschatz nur zwischenzulagern und eines Tages für sich allein wieder aus dem Rhein herauszufischen, als Schwarzgeldreservoir gewissermaßen zur Finanzierung weiterer Untaten.

Die offizielle Version für die Rechtfertigung des Diebstahls lautet: Er habe seinen königlichen Arbeitgeber davon überzeugen können, daß man der Kriemhild alle finanziellen Mittel entziehen müsse, mit denen sie sich Kriegshelden hätte kaufen können, um einen Rachefeldzug zu inszenieren. Schließlich steht eine in die Jahre gekommene Frau, der man die Kohle wegnimmt, damals wie heute auf verlorenem Posten. Und das paßte dem Hagen ins Konzept!

Als rettender Strohhalm bot sich der so lange Trauernden – welche Frau würde schon einen Siegfried vergessen können? – der ungarische König Etzel an. Er ließ ihr ausrichten, sie gegen ihre Widersacher unterstützen zu wollen. Aber das war nur der eine Teil des Deals. Er baute sie nämlich nicht nur als Machtfaktor in seine Lebensplanung ein, sondern er warb auch um die Frau und ließ ihr seine Heiratsabsichten verkünden.

Was macht eine Frau, die schon etwas Patina angesetzt hat und jetzt ihre Chance wittert? Richtig: Sie sagt »ja«.

Natürlich sollte es eine standesgemäße Hochzeit geben, zu der Kriemhild die Burgunder, ihre Brüder und Hagen an Etzels Hof einlud. Als alle angereist waren, fragte Kriemhild den Hagen ziemlich scheinheilig, ob er denn gefälligst auch den Nibelungenschatz mitgebracht habe. Hatte er natürlich nicht, weil der ja irgendwo auf dem Grund des Rheins lag, und er kam seiner Gastgeberin ziemlich dumm. Daraufhin muß es an Etzels Hof zugegangen sein wie bei einer Wirtshauskeilerei in Oberbayern: Jeder haute auf jeden. Etzels Mannen blieben den Burgundern nichts schuldig, und umgekehrt. Gernot und Giselher fielen im Gemetzel, und Gunther und Hagen wurden von Dietrich von Bern, einem Freund Etzels, gefangengenommen. Das war die große Stunde Kriemhilds. Ihrem Bruder Gunther ließ sie den Kopf abschlagen, was ihn einigermaßen handlungsunfähig machte. Bei Hagen erledigte sie die Sache höchstpersönlich mit dem Schwert ihres ja nun schon vor langer Zeit dahingemeuchelten Mannes Siegfried.

Leider hat ihr Hagen auch in seiner Todesstunde nicht mehr verraten, wo er den Nibelungenschatz versteckt hatte.

Ob ihr das Wissen allerdings etwas genützt hätte, ist zu bezweifeln. Denn bald darauf wurde auch sie selbst von Hildebrand, einem Dienstmann Dietrichs, erschlagen.

Da liegen sie denn am Ende der Geschichte alle mausetot in ihrem eigenen Blut. Was einen Literaturhistoriker 1907 zu der vielsagenden Analyse verleitete: »Der Geist, der in der Dichtung waltet, ist ein grunddeutscher; eine hochsittliche Idee, wenn auch eine im wesentlichen heidnisch-sittliche, beherrscht die Handlung, die in echt epischer Objektivität und großartiger Plastik sich entfaltet.«

Alles klar?

»Von Schatzsuchern ist uns nichts bekannt...«

Alle diese Schauergeschichten von den Taten des Helden Siegfried, seiner Beziehung zu dem in Worms residierenden König Gunther und mehr noch das merkwürdige Verhältnis zu den Damen Brunhild und Kriemhild, schließlich das Zerwürfnis zwischen den beiden und die damit geplatzten Träume des Realpolitikers Hagen sind in den 39 Aventuiren zu dem deutschesten aller deutschen Epen, *dem* Nationalepos, kunstvoll verdichtet. Auch noch die Ermordung Siegfrieds durch Hagen findet darin ihre fast bewundernde Würdigung.

Und dann die Eheschließung zwischen Kriemhild und dem im Osten residierenden Etzel! Sie hatte es in sich; denn mit ihr hatte der Erbfeind von Kriemhilds deutschen Verwandten einen Fuß in der Tür. Was ihm aber nichts nützte, weil sie schließlich allesamt, die vermeintlich Guten und die offenkundig Bösen, in einem furchtbaren Blutbad zugrunde gingen.

Soweit die Reader's Digest-Fassung des Schlüssel-Epos' zur deutschen Seele.

Daß Richard Wagner die Geschichte der Nibelungen in seiner Tetralogie eben so bombastisch wie sibyllinisch mit den von der Edda überlieferten nordgermanischen Götter- und Heldensagen verknüpfte, hat nicht verhindern können, daß die Deutschen ihr bluttriefendes Katastrophen-Epos aus den Schatzkammern ihres Traditionsarsenals verbannt haben. Der Aufstieg und der Untergang der Nibelungen, so schreibt der Kritiker Rainer Stephan, habe schließlich nur noch als tragischer Vollzug germanischen Heroenschicksals an sich gedeutet werden können. Und er untermauert diese Sicht mit einem Blick auf die jüngere deutsche Geschichte: »Der Wagner-Verehrer Hitler, durchaus nicht unempfänglich für Untergangsphantasien, wußte wohl, warum er gerade diesem Werk immer wieder aus dem Wege ging.«

In Bayreuth, unter der schützenden Glaskuppel ideologischer Unverfänglichkeit und der verharmlosenden Wieland-Wagnerschen Formel, hier gelte alles

ausschließlich der Kunst, feiert der Nibelungenmythos alle Jahre wieder für einen kurzen Flügelschlag der Weltgeschichte seine fröhlich-finstere Auferstehung.

Wo aber bleibt Worms? Wagner nennt es nicht beim Namen, obwohl es diese Ehre mehr als verdient hätte. Ist es doch die Kulisse, vor der ein großer Teil des ursprünglichen Nibelungenliedes gesungen wurde: Gunther führte hier das Regiment und nahm Jung-Siegfried in seine Dienste.

Die Stadtverwaltung von Worms hat denn auch neuerdings zwei tourismusfördernde Projekte im Programm: Kürzlich hat sie ein ansprechendes Nibelungenmuseum eröffnet, und im August 2002 will sie vor dem römischen Kaiserdom viel Theaterblut verspritzen und dazu fernseherprobte Stars wie Mario Adorf und André Eisermann zu den Großen Nibelungenfestspielen aufmarschieren lassen.

Das heißeste, aber sicher publikumswirksamste Thema wollen die braven Stadtväter von Worms nicht zur Kenntnis nehmen. »Von Nibelungenschatz-Suchern ist uns nichts bekannt«, läßt die Pressestelle auf Anfrage mitteilen. Dabei soll doch gerade hier der listige Hagen den sagenhaften Schatz in den Rhein versenkt haben. Und als kürzlich in dem Wormser Gasthaus mit dem beziehungsreichen Namen »Hagenbräu« ein wissenschaftliches Symposium Licht in manches Dunkel zu bringen versuchte, hatten etliche Besucher das Thema gründlich mißverstanden und rückten mit Taucheranzügen und Bergungseinrichtungen an.

Entrückte ebenso wie Verrückte in des Wortes banalster Bedeutung, Abenteurer wie euphorische Geier, nüchterne Rechner, die das unbekannte Versteck mit High-Tech-Ortungsgeräten aufspüren wollen, und versponnene Literaten, die aus jeder vagen Andeutung im Urtext ihre Theorie darüber zusammenbasteln, wo man mit der größten Aussicht auf Erfolg buddeln könnte – sie alle stehen Spaten und Bagger bei Fuß, um sich ihr Erbe aus der deutschen Geschichte zu holen.

Ein »realistischer Phantast« will »forschen und recht behalten«

Einen Schatz in einem Fluß zu versenken, ist sicher leichter, als einen Schatz zu heben, von dem man gar nicht zuverlässig weiß, ob er überhaupt versenkt wurde. Und wenn: wo genau man ihn zu Wasser gelassen hat.

Wir dürfen sicher davon ausgehen, daß Hagen nicht nur ein bösartiges (wenn auch tragisches) Exemplar der Gattung homo sapiens gewesen ist. Sonst hätte er es bei Hof wohl nicht zum engsten Vertrauten seines Herrn gebracht. Er dürfte vor allem auch ein recht intelligenter Bursche gewesen sein, wenn auch ohne die hehren moralischen Grundsätze, derer sich unsere erfolgreichen Politiker heutzutage befleißigen.

Deshalb gilt es die Frage zu beantworten: An welcher Stelle des Rheins würde wohl ein intelligenter Mensch einen Schatz versenken?

Der Mainzer Architekt Hans Jörg Jacobi hat sich diese Frage zusammen mit seinem Vater, dem früheren Mainzer Oberbürgermeister, immer wieder gestellt. Und bei manch einer der gefundenen Antworten hatte Jacobi »dieses Kribbeln im Bauch«. Mit dem Kribbeln hat es bei dem Mann eine besondere Bewandtnis: Immer wenn er einem Schatz auf der Spur ist, stellt es sich ein. So war es, als er bei einem Steinmetz für ein paar Pfennige einen alten Stein erwarb, der sich später als seltener Templer-Stein erwies, um den die Stadt später vor Gericht stritt. Und prompt verlor! Die Eigentumsrechte wurden Jacobi zugesprochen.

Es kribbelte auch, als Jacobi bei einem englischen Antiquitätenhändler ein mittelalterliches florentinisches Triptychon aufstöberte. Und es kribbelte wieder, als Jacobi beim Tieferlegen seines Hauses in Mainz ganz zufällig einen jüdischen Grabstein aus dem Jahr 1292 freilegte. Und richtig gekribbelt hat es auch, als er eine Harfe entdeckte, auf der nachweislich schon Marie Antoinette ihre Sonette gespielt hat.

Nun hofft er auf das große Kribbeln, wenn er auf der Spur des Nibelungenhorts ist. Denn anders als für viele andere ist das Nibelungenlied für den Schatzsucher aus Passion nicht ein mystisches Märchen, sondern zu allererst ein knallharter Report aus einer turbulenten Zeit. Also hat er das Nibelungenlied immer wieder gewissermaßen »geröntgt« und auf seinen realistischen Informationsgehalt hin abgeklopft.

»Hagen hat den der Kriemhild gestohlenen unermeßlichen Schatz ›zem Loche‹ versenkt«, sagt Jacobi mit entwaffnender und zugleich mitreißender Überzeugungskraft. »Das Wort ist groß geschrieben, was im Mittelalter nur bei Eigennamen üblich war. Also muß es sich um einen Ort namens Lochheim gehandelt haben.«

Ein solcher Ort aber ist auf keiner unserer heutigen Karten verzeichnet. Deshalb hat der Architekt und Diplomingenieur auf Grund einer Reihe anderer Indizien mit einem Zirkel mehrere Kreise um Worms geschlagen und damit einen Bereich abgegrenzt, in dem sich das schier Unglaubliche ereignet haben muß. Und dann war da plötzlich wieder dieses Kribbeln im Bauch. Jacobi besorgte sich uralte Flurkarten der Gegend, und da standen an Plätzen, wo heute Bauern ihre Äcker bestellen, die Namen »Kleines Lochheim« und »Großes Lochheim«. Weitere Recherchen bei den Bauern der Umgebung haben ergeben, daß man dort beim Pflügen noch manchmal altes Gestein zutage fördert, das von einer Kirche stammen könnte. Das deutet zweifelsfrei auf einen versunkenen Ort.

Wieso aber, so fragt der Skeptiker, sollte der Nibelungenschatz auf einem Acker liegen, wenn ihn doch Hagen in den Rhein versenkt hat?

Ganz einfach, antwortet ihm Jacobi, der Rhein hat sein Bett im Laufe der Jahrhunderte mehrfach verändert. So ist es nicht unwahrscheinlich, daß der Nibelungenhort heute *neben* dem Rhein darauf wartet, geborgen zu werden. Hans Jörg Jacobi hat sich immer wieder die Frage gestellt, welche Stelle im Rhein sich ein Mann wie Hagen wohl für sein Vorhaben ausgesucht hätte. »Schließlich wollte er ja eines Tages von seinem Raub profitieren und alles wieder ans Tageslicht holen. Da hätte es wenig Sinn gemacht, den Schatz dort zu deponieren, wo der Rhein flach und das Wasser glasklar war.« Genau das aber war der Rhein zu Hagens Zeiten fast überall. Es gab nur eine einzige Stelle, wo man einen Schatz sinnvollerweise verstecken konnte. Diese Stelle war den mittelalterlichen Rheinschiffern als »schwarzer Ort« bekannt. Dort war das Wasser tief, und es herrschte eine starke Strömung.

Der gelernte Ingenieur ging die Sache »vermessungstechnisch« an – von der Erde wie aus der Luft. Aber er ließ nicht nur Metalldetektoren, sondern auch Wünschelrutengänger und sogar Hellseher für sich arbeiten. Dabei fand er gleich mehrere Stellen, »an denen etwas sein muß«. Dort gibt es Hinweise auf Metallvorkommen, die »geologisch nicht dort sein dürften«.

Auch für die Hinweise auf mehrere Orte hat der findige Schatzsucher eine einleuchtende Erklärung: »Wenn ein intelligenter Mensch einen gewaltigen Schatz verstecken will, dann wird er doch nicht alles auf einmal an einer einzigen Stelle verbergen, um es einem Finder leichtzumachen, sondern er wird das ganze auf mehrere Plätze verteilen.« Warum sollte Hagen in der ersten Hälfte des fünften Jahrhunderts das Prinzip der »Risikostreuung« nicht beachtet haben?

So weit, so gut! Wie aber ist es mit der Verifizierung einer Theorie, die eigentlich zu schön ist, um wahr zu sein?

Hans Jörg Jacobi hat bereits den ersten Schritt in die zweite Etappe seines unglaublichen Abenteuers getan: In einer Nacht- und Nebelaktion hat er an einer

»verdächtigen Stelle« mit einem geheimnisvollen rautenförmigen Grundriß bereits mit dem schweren Gerät eines Brunnenbauers arbeiten lassen. Bei einer Tiefe von zehn Metern, die sich ein Stahlrohr mit 1,6 Metern Durchmesser in die Kiesschichten hineingefressen hatte, ging es nicht mehr weiter. Die Technik war dem Boden nicht gewachsen. Ein versierter Taucher, den man hinuntergeschickt hatte, wäre in dem morbiden Kies um ein Haar ums Leben gekommen. Mehr noch: Der hilfreiche Brunnenbauer hat diese Welt kurz nach der Erledigung des Auftrags auf höchst mysteriöse Weise verlassen. Und Jacobi selbst hat unmißverständliche Drohungen erhalten. »Die denken wohl«, so der Mainzer, »wir wollten mit Siegfrieds Schatz wieder eine bestimmte Art unseligen Deutschtums aus der Versenkung zerren. Genau das aber ist nicht unsere Intention.«

So wird sicher noch einiges Wasser den Rhein herunterströmen, bevor sich Jacobi Siegfrieds Krone aufs Haupt setzen kann. Aber, so versichert er, darauf komme es ihm gar nicht an. Suchen sei sein Hauptanliegen, »forschen und rechtbehalten«. Er selbst nennt sich einen »realistischen Phantasten«.

Das ist das Schöne an einem nüchtern denkenden Zeitgenossen: Am Ende will sogar er an das Unglaubliche glauben!

Der Wettlauf um das Rheingold

Vielleicht gibt es eine realistischere Möglichkeit, dem Rhein ein paar Goldstücke abzutrotzen als die abenteuerliche Variante des »realistischen Phantasten«.

Etwas mühsam ist die Sache allerdings schon. Da aber das »Rheingold« nun einmal eine feste Größe in der Biographie des größten deutschen Stroms ist, wollen wir uns nicht darum herummogeln.

Man schrieb das Jahr 1943. Während sich Roosevelt und Churchill auf der Casablanca-Konferenz auf die Forderung der bedingungslosen Kapitulation Deutschlands festlegten, fiel hierzulande eine Entscheidung, mit der der Versuch aufgegeben wurde, die maroden Reichsfinanzen mit Gold aus dem Rhein zu sanieren: Eine »Gesellschaft für Lagerstättenforschung«, die einen Schwimmbagger für die Goldwäscherei im Rhein gebaut und betrieben hatte, zog das Ungetüm mit dem beziehungsreichen Namen »Rheingold« aus dem Verkehr. Bis zu 120 Kubikmeter Rheinschlamm hatte der Bagger Stunde für Stunde aus dem Fluß geschaufelt. Immer wieder waren ausführliche Schürfberichte nach Berlin geschickt worden, und immer wieder waren die geldgierigen Bürokraten in der Reichshauptstadt zu dem enttäuschenden Schluß gekommen, daß der ganze Aufwand eigentlich nicht lohnte.

Dabei war das »Rheingold« im Laufe der Jahrhunderte zu einer geradezu legendären Verheißung für Glücksritter geworden. Tausende rheinischer Goldwäscher hatten viel Zeit und Mühe aufgewendet, um sich einen Platz an der Sonne glänzenden Goldes zu sichern.

Die Sache war auch recht gut gelaufen, solange der Rhein durch die Kraft seiner Strömung immer wieder Sandbänke verlagerte und dadurch von Zeit zu Zeit Goldadern freilegte und freispülte. Immer wieder waren sich die Landesherren und die Gemeinden über die Besitzrechte in die Haare geraten. Und wenn dabei auch mal kräftig geprügelt und gemeuchelt wurde – was ist schon ein bißchen Blut gegen die Hoffnung auf viel Gold?

Mit der Regulierung des Rheins und den dadurch veränderten Strömungsgeschwindigkeiten wurden allerdings alle Hoffnungen auf das schöne Gold weggespült. Der Gedanke, daß der Rhein in Urzeiten ungefähr dem berühmten Danziger Goldwasser geähnelt haben muß, ist gar nicht so abwegig. Antike Geographen jedenfalls – unter ihnen Poseidonis und ein gewisser Strabo – waren voll des Lobes über den so viel Edles und Begehrenswertes mitschleppenden Fluß. Die Kelten sollen überhaupt nur deshalb bis in die Rheingegend vorgedrungen sein, weil sie sich ihren Anteil an dem Reichtum sichern wollten. Die Geschichte muß sich selbst im etwas wortkargeren Norden schnell herumgesprochen haben; denn die nordischen Sagen wie die Edda und das Sigurdslied berichten von dem im Wasser verborgenen Edelmetall, das zwar nicht magnetisch ist (was sie allerdings noch nicht wußten), aber zumindest auf goldgierige Seelen ungemein anziehend wirkt.

Auch ein aquitanischer Poet der zur Zeit Ludwigs des Frommen lebte, nahm 826 Bezug auf den »Goldstaub im Sand« und ließ in einem seiner Gedichte den Rhein das Versprechen abgeben, er spende »schimmernd Geschmeid«.

Was also lag näher, als darauf zu spekulieren, dem Fluß seinen glänzenden Reichtum zu entreißen? Ein Mönch namens Rogkerus hat schon vor 900 Jahren praktische Anweisungen zur Kunst des Goldwaschens aufgeschrieben und damit einen Run ausgelöst, bei dem es zeitweilig am Rhein zugegangen sein muß wie im 19. Jahrhundert am River Clondyke in Alaska. Als dort oben auf dem amerikanischen Kontinent das Goldfieber ausbrach, waren die Schatzsucher am Oberrhein mit Zubern, Brettern und Holzschaufeln schon lange eifrig bei der Sache. Zu Tausenden versuchten sie, das Gold aus dem Flußsand herauszuwaschen. 1944, ein Jahr, nachdem der Bagger mangels greifbarer Erfolge verschrottet wurde, soll der letzte oberrheinische Goldwäscher das Zeitliche gesegnet haben. Und es ist wohl anzunehmen, daß er als armer Mann gestorben ist.

Ob überhaupt einer der braven Goldschürfer am Rhein jemals so richtig reich geworden ist, hat niemand überliefert. Aber der Autor Paul Hübner hat recherchiert, daß zumindest die Landesherrschaften nicht ganz leer ausgegangen sind. Die badischen Großherzöge sollen aus der Verpachtung des Rheinsandes jährlich etwas mehr als einen halben Zentner Gold kassiert und daraus bis 1841 etwa 30 000 Dukaten geprägt haben.

Die Obrigkeit hat nie einen Hehl daraus gemacht, woher das schöne Gold stammte. Seit dem 17. Jahrhundert ließen die Münzmeister den Hinweis »Aus Rheingold« auf die Geldstücke prägen. Damit man sich beim Ausgeben der Münzen auch stets bewußt war, wem man die Wohltat verdankte, war oft noch der zum Flußgott stilisierte »Vater Rhein« dazugesetzt. Und der Bayernkönig Ludwig I. ließ auf seinen Rheingold-Münzen den Dom von Speyer abbilden. Was beweist, daß der Anblick des schönen blitzenden Goldes den Menschen verändert und sogar einen Urbayern seine Abneigung gegen alles Preußische vergessen läßt.

Vergessen ist auch der Reichtum aus dem Rhein. Jedenfalls ist der Traum vom Goldwaschen erst einmal ausgeträumt. Was den armen Bankleuten gar keine andere Wahl ließ, vorerst nicht mehr auf die Kunst des Goldwaschens zu setzen, sondern mehr auf die Kunst des Geldwaschens zu vertrauen.

Das geht nicht nur schneller, es ist auch lukrativer!

»Und bleibst du sitzen, o Mägdelein ...«

Das Gold, das dem Rhein heutzutage abgetrotzt wird, wächst an seinen Hängen. Und nicht nur, weil sich »Rhein« so schön auf »Wein« reimt, passen beide gut zusammen. Vor allem deshalb ist ihre lautmalerische Symbiose so überzeugend, weil beide – jeder freilich mit seinen Mitteln – in der Lage sind, sentimentale Gefühle zu provozieren. Oder im Ernstfall auch sehr viel edlere!

Friedrich von Logau hat die Sache auf den Punkt gebracht:

»Der dich erstlich nannte Rhein –
wollte, glaub ich, sprechen: Wein.
Der dich erstlich nannte Rhenus –
wollte, glaub ich, sprechen: Venus.«

Und da haben wir sie denn unter einem Hut, oder – um das Bild passender zu machen – in einem Bett: den Wein und die Liebe!

Dies ist nun allerdings ganz und gar nicht eine deutsche Erkenntnis, und erst recht nicht ist sie auf dem Boden unserer Zeit gewachsen. Eduard Mörike, der so viele Hymnen, Oden, Lieder, Elegien, Idylle und Epigramme aus dem klassischen Altertum in unsere Sprache übersetzt hat, ist bei den Griechen fündig geworden:

»Unlängst – ich band gerade
Mir einen Kranz – da fand ich
Den Eros in den Rosen.
Ich nahm ihn bei den Flügeln,
Warf ihn in meinen Wein und
So trank ich ihn hinunter.
Nun kitzelt er mich peinlich
Ums Herz mit seinen Flügeln.«

Dabei ist die Kausalität keineswegs erwiesen. Beflügelt der Wein die Liebe wirklich? Zündet er sie vielleicht sogar dort, wo vorher nichts war? Oder ist es umgekehrt die Liebe, die uns empfänglich macht für die Angriffe des Bacchus auf unser Gleichgewichtsempfinden und unseren ehernen Vorsatz der Enthaltsamkeit? Verleiht der Wein dem Unschlüssigen die Verwegenheit, sich einem vielleicht nicht so ganz ansehnlichen Exemplar der weiblichen Spezies mit unzüchtigen Gedanken zu nähern? Gibt der Wein etwa den Fatalismus, sich ein Frauenzimmer so »schönzutrinken«, daß selbst noch erotische Ladenhüter zu ganz passablen Objekten männlicher Begierden erblühen?

Vorsicht ist geboten! Zuviel Wein im Bauch läßt den braven Liebesgott gelegentlich arg daneben zielen. Manch ein Trinker hat's am eigenen (Unter)leib schmerzlich erfahren müssen.

Ganz sicher ist nur dieses: Halbe Sachen verzeihen weder Bacchus noch Amor. Alles oder nichts lautet die Devise, mit der sie ihre Schützlinge dem Mittelmaß zu entreißen trachten. Ovid, der Klassiker der antiken Erotik, hat es in seiner »Ars armandi« als einer der ersten ausgesprochen: »Entweder betrinke dich gar nicht, oder dein Rausch sei so stark, daß er für alles sorglos mache: Hält er zwischen beiden Fällen das Mittel so ist er immer dir schädlich.«

Wir wissen nicht, in welchem Zustand der gute Ovid das geschrieben hat. Fest steht aber, daß der Meister der Liebeskunst an anderer Stelle zu einem anderen Urteil kommt: »Wein treibt an zu der Liebe Genuß, wenn du nicht stark ihn trinkst, daß Dein Herz in demselben ersäufet und stumpf wird.«

Plato könnte bei dem Gedanken Pate gestanden haben; denn er wußte, daß »eine mäßige Berauschung« Gelegenheit gäbe, »die Gemüter und die verborgen liegenden Leidenschaften anderer, die sie beim nüchternen Zustand zu entdecken Bedenken tragen mögen, zu erforschen und dann hernach desto glücklicher an ihrer Besserung zu arbeiten«.

Daß der Wein die Gedanken gelegentlich auf Abwege führt, liegt auf der Hand. Wie sonst hätte Ewald Christian von Kleist im 18. Jahrhundert ein Liebeslied an eine Rheinweinflasche schreiben können? Immerhin hat er damit kein Unheil angerichtet. Anders als ein gewisser Karl Marx, der dem Wein gelegentlich so intensiv zugesprochen haben soll, daß ihn schon zu Studentenzeiten das Schicksal ereilte, wegen öffentlichen Aufruhrs in den Karzer gesperrt zu werden. Was seine Gedanken später mit dem »Kapital« aufrührten, das die Welt für einen Flügelschlag der Geschichte lähmte, war hoffentlich weniger vom Wein beflügelt. Man müßte sonst den Glauben an die im Wein liegende Wahrheit drangeben!

Daß hingegen der Wein die Assoziation an eine Frau inspirieren kann, hat schon der persische Dichter Hafis – mithin ein Mann aus einem Land, in dem Frauen nicht viel gelten – der staunenden Nachwelt überliefert. Er schwärmte, wie eine Braut so duftig und so feurig wie seine Leidenschaft glänze ihm der süße Wein aus dem Becher entgegen.

Das klingt romantisch. Etwas zu romantisch vielleicht angesichts der sodbrennenspendenden Gewächse, die einem manchmal aus der Flasche tröpfeln.

Handfester ist da schon der Vergleich, der vor vielen Jahren die Wände eines Weinkellers nahe Assmannshausen schmückte und sich mir unauslöschlich ins Gedächtnis eingegraben hat. Manch einem von der Natur nicht allzu verwöhnten Mädchen mag der Sinnspruch Trost gespendet und es mithin glücklich gemacht haben:

»Und bleibst du sitzen, o Mägdelein,
glaub nicht, daß verfehlt dein Leben.
Es geben nicht alle Trauben Wein,
es muß auch Rosinen geben.

Doch eines ist uns gewiß,
wie sollt es wohl anders sein:
es schmecken alle Rosinen süß,
doch sauer gar mancher Wein!«

Womit die Welt dann wieder im Gleichgewicht wäre.

Ein Domherr namens »Frauenlob«

Kornblumenblau, so trällert ein uraltes rheinisches Karnevalliedchen, seien die Augen der Frauen am Rheine beim Weine. Man mag darüber streiten, ob der Weingenuß ein solches biologisches Wunder alkoholbedingter Farbgebung zustande bringen kann oder ob nicht vielmehr dem Auge des beschwipsten Betrachters hier ein verwirrendes Täuschungsmanöver gelingt. Im Ergebnis kommt es auf dasselbe heraus!

Frauen und Wein – das ist ein ungleiches, wenn auch in seiner Wirkung auf die maskuline Einfalt durchaus wirksames Gespann.

Die alten Römer, in mancherlei Hinsicht ohnehin klüger als wir, hatten daraus die einzig denkbare Konsequenz gezogen: Sie hatten ihren Frauen lange Zeit den Weingenuß verboten. Und das gewiß nicht nur aus egoistischen Motiven, weil sie sich selbst die dionysischen Freuden vorbehalten wollten. Ein Römer namens Metellus, so ist glaubhaft überliefert, soll seine Frau sogar umgebracht haben, weil sie Wein getrunken hatte. Das hatte Stil!

Dann aber ging es bergab mit den guten Sitten im Römerreich. Umgebracht wurde zwar auch in der römischen Kaiserzeit noch, weil in Rom immer jemand aus irgendeinem Grund umgebracht wurde. Aber kaum aus so banalen Gründen wie dem weiblichen Weingenuß. Und der war en vogue. Der Philosoph Seneca, der die Menschen die Kunst vom glückseligen Leben lehrte, beklagte sich: »Unsere Frauen trinken mit männlicher Freiheit und durchwachen die Nächte mit gefülltem Becher.«

Die rheinischen Damen standen ihren römischen Gesinnungsfreundinnen in nichts nach. Sie tranken gern – in Gesellschaft oder auch allein. Aber sie waren durchaus auch mal bereit, den edlen Saft der Trauben statt in sich hineinzukippen der Mutter Erde zurückzugeben. Wenn's denn einen guten Grund gab. Und den gab es anno 1317. Da trugen die Mainzer einen Mann zu Grabe, den sie des schönen Namens »Frauenlob« für würdig befunden hatten. Karl Simrock, ein biedermeierlicher Meister des Wortes, der das malerische und romantische Rheinland durchwandert und so einfühlsam beschrieben hat, schildert die Szene: »Von seiner Herberge bis zur Grabstätte trugen ihn Frauen, welche grosse Wehklage erhoben, des unbegrenzten Lobes willen, welches er dem ganzen weiblichen Geschlechts in seinen Liedern ertheilt hatte. Ja, es wurde da eine solche Fülle Weines auf sein Grab gegossen, dass er durch den ganzen Umgang der Kirche umherfloss.«

Welche Gründe die Mainzer Frauen hatten, dem Mann solche Ehren zuteil werden zu lassen, hat ein Dichtersmann in die vielsagenden Worte gefaßt:

»Sie wussten, was man wünscht und hofft,
Und in verschwiegner Laube
Entzückten sie den Sänger oft
Beim süssen Saft der Traube.«

Das geheimnisvolle Treiben des Minnesängers Frauenlob, der eigentlich Heinrich hieß, ist um so bemerkenswerter, als es sich bei ihm um einen Doktor der Theologie und gar noch um einen Domherrn handelte, mithin um den Vertreter einer Profession, der man auf dem sehr speziellen Sektor der Frauenkennerschaft nicht ohne weiteres allzu viele Erfahrungen zutrauen möchte. Aber Gottes Wege sind sonder- und wunderbar. Und bekanntlich gibt der Herr den Seinen im Schlaf, was wir gemeines Volk uns schwer erarbeiten müssen!

Vom (Wein)geist als Friedensstifter

Viel ist vom Weingeist gesungen worden. Am banalsten von jenem Helau-Homer, der den faden Reim fand: »Wenn der böse Weingeist den Vater in das Bein beißt.«

Die Sache läßt sich auch in ihr Gegenteil umkehren: Der Weingeist als Starthilfe in die höheren Gefilde des Geistigen. Manchmal nämlich erweist sich der eine Geist als der Vater eines anderen!

Nie habe er an einem Abend so viele geistreiche Bekanntschaften geschlossen wie in Geisenheim, bekennt Karl Simrock. Und das bei edlen und feinsten kulinarischen Genüssen. Wer Schwelgereien des Gaumens verschmähe, der solle hier herkommen, sich bekehren zu lassen. Er werde begreifen, warum unsere Sprache den Sinn für das Schöne »Geschmack« nenne.

Mehr noch als der Geist des Weines hatte hier einst der Geist des Friedens geherrscht. In seinem Haus am östlichen Eingang Geisenheims hatte Johann Philipp von Schönborn, Kurfürst von Mainz, die Grundzüge des Westfälischen Friedens entworfen. Hier hatte auch Leibniz gesessen und mit dem Kurfürsten zusammen darüber nachgedacht, wie man die katholische und die evangelische Kirche zusammenführen könne.

Vielleicht hatte der gute Rheinwein den großen Gelehrten auf den Pfad friedlicher Gedanken geführt. Es wäre ja nicht da erste Mal, daß dem Geist des Weines solche Friedensmission gelungen wäre, wenngleich die Zaungäste der Geschichte von jeher dazu neigten, den plötzlichen Gesinnungswandel zweier Streithähne eher dem Einfluß eines Heiligen zuzuschreiben.

So soll es den beiden Söhnen Karls des Großen ergangen sein: Karl und Pippin, so ist überliefert, hätten sich überraschend in der kleinen Kapelle von St. Goar getroffen und seien unter dem Einfluß des Heiligen von ihrer Feindschaft geheilt worden. Die Gemahlin des Kaisers – Goar sei Dank – sei sogar nach Anrufung des Heiligen von fürchterlichen Zahnschmerzen geheilt worden.

Auch der Kaiser selbst ist der Sage zufolge der schützenden Hand des Heiligen teilhaftig geworden. Denn auf dem Weg von Ingelheim nach Koblenz habe er wegen des plötzlich hereinbrechenden dichten Nebels auf freiem Felde übernachten müssen und nichts sei ihm dabei passiert.

Auch andernorts hat sich der Wein als überaus hilfreiches Elixier in kritischer Lage bewährt: In der erbittert geführten Auseinandersetzung zwischen den Hohenstaufen und den Welfen. Der Erzbischof von Trier hatte die Wahl Konrads III. zum Deutschen König unterstützt und sich damit den Unwillen des machtgierigen Heinrich des Stolzen von Bayern und Sachsen zugezogen. Heinrich weigerte sich beharrlich, Konrad zu huldigen. Daraufhin beschloß der Straßburger Reichstag, ein Aufgebot der Kronvasallen gegen den aufmüpfigen Sachsen marschieren zu lassen.

Waffenhilfe war von Kirchenleuten auch im 12. Jahrhundert nicht zum Nulltarif zu haben! Der Trierer Erzbischof ließ sich für seine Treue von Konrad mit der reichsten Weinabtei der Region entlohnen. Klugerweise, so vermerkt Karl Christoffel, habe sich der König damit noch einen zweiten Verbündeten von respektabler Schlagkraft gesichert. Er meinte den Wein. Denn der Erzbischof zog mit dreißig Fudern edlen Weins ins Gefecht.

Das war ein kluger Schachzug. Da die Heerscharen auf beiden Seiten etwa gleich stark waren und sich auch so einschätzten, taten sie das Klügste, was in einer solchen Lage zu tun ist: Wenn man nach den Regeln der Kriegskunst nicht sicher gewinnen kann, muß man sich der Kunst des Verhandelns befleißigen. Und was könnte Verhandlungen besser in Gang bringen als ein guter Tropfen? Als die Verhandlungsführer beider Seiten gehörig abgefüllt waren, kamen sie zu dem Schluß, daß miteinander Wein zu trinken allemal besser ist als gegeneinander zu kämpfen. Lieber sich einen guten Jahrgang in den Schädel steigen lassen, als sich gegenseitig den Schädel für irgendeinen machtbesessenen Politiker einschlagen!

Der Poet, der sich für diese Erkenntnis auf den Pegasus geschwungen hat, überlieferte der Nachwelt das Ereignis mit den Dichterworten:

»Was feucht beginnt, fließt munter fort,
stets weckt der Wein das recht Wort.
Beim letzten Faß vom besten Weine
des Reiches Sache rückt ins Reine.«

Lange nach dem Poeten hat der große Diplomat Talleyrand eine einfache, aber beherzigenswerte Formel für kluge Verhaltensweisen dieser Art gefunden: »Guter Wein ist der beste Diplomat!«

Die erste dokumentierte Friedenskonferenz, die hier am Rhein stattfand, ging allerdings daneben! Jedenfalls aus germanischer Sicht!

Ein gutes halbes Jahrhundert vor unserer Zeitrechnung hatte Caesar sein Heer zum ersten Mal über den Fluß setzen lassen. Das Ereignis ist genau auf das Jahr 55 vor Christus datiert. Rom hatte noch nicht zur Weltmacht gegriffen. Aber es hatte schon mal eine Brücke gebaut. Natürlich war Caesar nicht in ein jungfräuliches Territorium vorgestoßen. Die Gegend war ja viel zu schön, als daß sich hier nicht schon Menschen festgesetzt hätten. Unter ihnen waren auch solche, die Herrschaftsansprüche stellten. Zum Beispiel der Suebenkönig Ariovist, dem die Römer einen besonderen Hang zur Grausamkeit nachsagten und der ziemlich arrogant und »hochfahrend« gewesen sein soll. Was den allerdings auch nicht gerade zimperlichen Römern mißfiel.

Die Konfrontation der beiden Kontrahenten fand in der Rheinebene von Mühlhausen statt. Das Treffen der Heerführer hoch zu Roß war wohl von beiden Seiten als Versuch gesehen worden, einen Krieg zu verhindern. Denn die Heere ließ man in gehörigem Sicherheitsabstand hinter sich und beschränkte sich auf Drohgebärden von Mann zu Mann. »Homerisches Streitgespräch« nannten die Historiker eine solche verbale Auseinandersetzung, und dabei muß wohl der Germanenfürst – vielleicht weil er Homer gar nicht kannte – schlecht abgeschnitten haben. Jedenfalls zog er erstens den Kürzeren und zweitens sich zurück, was allemal feiner klingt als »er flüchtete mit seinen Männern«. Aber letztlich kommt unter dem Strich dabei dasselbe heraus. Aus germanischer Sicht jedenfalls war die Friedenskonferenz ein Flop! So geht das nun mal auf Friedenskonferenzen: Einer verliert immer.

In diesem Fall führt uns die Ursachenforschung für das Mißlingen der ersten rheinischen Friedenskonferenz auf einen simplen, aber einleuchtenden Tatbestand: Die Kunst der rheinischen Weinherstellung wird noch nicht weit genug entwickelt gewesen sein, um das friedensstiftende Bouquet des Rheinweins zu entfalten.

Kurioses, Merkwürdiges und Denkwürdiges

Die Ufer des Rheins sind voller Geheimnisse. Aber auch voller Widersprüche und mancherlei Kuriositäten.

Zu den Merkwürdigkeiten im Sinne des Bemerkenswerten gehört sicher die Befreiung eines prominenten Königs aus dem Verlies einer Burg. In der Nähe der elsässischen Grenze, auf der Kaiserburg Trifels, wo einst die Reichskleinodien verwahrt worden waren, hatte man den späteren Comic-Star Richard Löwenherz gefangengesetzt. Sein getreuer Waffenbruder Blondel, der ihn suchte und schließlich befreite, soll den Aufenthaltsort seines Dienstherrn im Kerker der Reichsburg durch dessen Gesang gefunden haben.

Nun war es im Mittelalter ja durchaus üblich, daß die Burgwächter ihre Nachrichten verbreiteten, indem sie diese von den Zinnen eines Burgturms herunter sangen.

Warum aber ein gefangener König Tag und Nacht und dazu immer dasselbe Lied trällert, ist schon ungewöhnlich. Immerhin war es so eine Art SOS-Code, vom König selbst erdacht und deshalb für den guten Blondel ohne weiteres identifizierbar.

»Bist Du's, Richard, Herz des Leuen? Heil Dir, Held!« jubelt Blondel seinem Dienstherrn zu, nachdem er dessen Stimme erkannt hat, holt ihn aus dem Knast und sorgt für einen versöhnlichen Ausgang der Affäre.

Ein bißchen erinnert die Geschichte von dem rettenden Gesang an den sizilianischen Straßenräuber, der zum Tode durch den Strang verurteilt worden war. Er erbat sich als letzte Gnade vor der Urteilsvollstreckung, zwei Flaschen Wein trinken zu dürfen, was ihm auch erlaubt wurde. Daraufhin begann der Delinquent so schön zu singen, daß ihn die begeisterte Menge befreite und vor allen Nachstellungen des Henkers schützte.

Nicht nur Legenden hat der Rhein entstehen lassen, auch Mißverständnisse sind hier gewachsen und durch die Jahrhunderte geschleppt worden. Beispiel

Bingen: Der berühmte Mäuseturm hat die Phantasie vieler Generationen beflügelt und allerlei Sagenhaftes hervorgebracht.

In der Sage, die sich um diesen Turm rankt, spielt ein gewisser Erzbischof von Mainz die Hauptrolle. Der Mann war – wie so viele Würdenträger seiner Profession – nicht von der Art, wie man sich einen Gottesdiener aus der Chefetage der Kirche vorstellen möchte. Während nämlich das Volk unter einer furchtbaren Hungersnot litt, ließ es sich Erzbischof Hatto mit seinem Gefolge gutgehen und lebte im Überfluß. Als das darbende Volk an seine Tür klopfte, um etwas Getreide zu erbitten, ließ der Bischof die Leute unsanft vertreiben, und es war ihm egal, wenn darauf etliche auf der Strecke blieben.

Da schlichen sich alle Mäuse der Gegend, die auch hungerten, in den Palast des Bischofs, um sich Korn zu holen. Die Nager kamen in solchen Scharen, daß Hatto es vorzog, sich aus dem Staub zu machen. Er setzte sich zur Burg Ehrenfels ab und glaubte, auf dem Turm im Fluß vor den Angriffen der Tiere sicher zu sein. Da aber hatte er sich getäuscht; denn die hungrigen Mäuse ließen sich von den sanften Rheinwellen hinübertragen. Im Turm fielen sie über den herzlosen Erzbischof her und nagten so lange an ihm herum, bis sie selbst satt waren und der Bischof mausetot.

Soweit die Sage.

Natürlich wird sich auch das eine oder andere Nagetier im Turm verirrt haben. Den Namen indes haben die Tiere dem markanten »Mäuseturm« nicht gegeben. Das französische Wort für Waffen und Geschütz dürfte hier Pate gestanden haben. Ein Zeughaus wurde vielerorts »Mushaus« genannt. Und so war denn der vielbesungene Mäuseturm von Bingen auch nichts anderes als ein Waffenturm, der die vorbeifahrenden Schiffer nachhaltig daran erinnern sollte, daß sie an dieser Stelle gefälligst Zoll zu bezahlen hatten.

In einer Landschaft, in der sich alles um den Wein dreht, in der nicht nur die wirtschaftliche Existenz der Menschen vom Wein abhängt, in der das Weinfaß gewissermaßen als Schicksalssymbol über den Köpfen der Mensch schwebt, gehören Verlustängste zum täglichen Leben. Was wäre, wenn es plötzlich keinen Wein mehr gäbe? Es wäre schrecklich! Und so legt sich denn die Hoffnung in vielfältigen Variationen die Aussicht auf ein sich nie und nimmer leerendes

Weinfaß zurecht, soviel man auch daraus trinken mag. Die durstigen Seelen legen ihre heimliche Hoffnung auf ein Faß, das sich ohne Zugießen immer und selbst da noch voll erhält, wo einst ein Kellermeister den Zapfhahn zu schließen vergaß, also das Spundloch eine ganze Nacht lang offenstehen ließ. Da nach den physikalischen Gesetzen das Faß ob solcher Nachlässigkeit auslaufen würde, mußte ein Wunder herhalten, um es nicht geschehen zu lassen. Und weil auch die katholischen Rheinländer nicht für alle Wohltaten jedesmal einen Heiligen bemühen mochten, mußte auch schon mal eines jener Tiere herhalten, die sich in Weinkellern besonders wohl fühlen:

»Denn eine Spinne lief daher,
Zog rasch die Fäden kreuz und quer,
Und webt' und webt' in kurzer Stund,
So dicht verwoben war der Spund.«

Damit aber hatte die Spinne denn auch ihre Schuldigkeit getan. Für andere Wunder waren dann doch wieder die Heiligen zuständig. Der heilige Wigbert zum Beispiel. Als ihm eines Tages beim Lesen einer Messe der Wein ausgegangen war – so erzählten sich die Leute –, preßte er einfach den Saft einer Traube in den Kelch, und augenblicklich sei der Saft zu Wein geworden. Der Glaube versetzt nicht nur Berge, sondern er täuscht offenbar auch die Geschmacksnerven.

Wo das Volk Schwierigkeiten hatte, Wunder zu begreifen, tröstete es sich mit der Lebensregel: »Bei Gott ist alles möglich, sagte der Bauer, da ging er mit dem Wallach zum Hengst!« Mit diesem Gottvertrauen im Herzen war auch das Wunder zu verstehen, das der Heilige Felix vollbrachte: Auf sein Geheiß hin mußte eine Traube auf einem Dornbusch wachsen, damit sich sein Berufskollege, der heilige Maximus, an ihr laben konnte.

Vom Heiligen Hilarius wird berichtet, er habe eines Tages zusammen mit seinen Schülern Trauben gelesen. Je mehr sie aber davon abpflückten, desto mehr neue Trauben seien nachgewachsen.

Etwas einfacher machte es sich der Legende zufolge der heilige Gonsalvus: Er schlug einfach mit seinem Stab kräftig auf einen Felsen, und schon begann aus dem Stein herrlicher Wein hervorzuquellen.

Gut, wenn man die Regeln kannte, nach denen die Heiligen ihre Wundertaten vollbrachten. Als der heilige Excelsus erschlagen worden war, begrub man ihn unter einem Weinfaß. Das Plätzchen muß dem Mann gefallen haben, denn er zeigte sich auf seine Weise erkenntlich: Das Faß wollte und wollte nicht leer werden, egal wieviel daraus getrunken wurde.

Daß ein guter Tropfen Rheinwein die Zunge zu lösen imstande ist, wird man aus eigenen Erfahrung nicht ernstlich bestreiten wollen. Auch nicht, daß der Wein manch einem den Blick für Realitäten verstellt. Am Ende glauben die Leute nicht mehr das, was sie sehen, sondern sie sehen nur noch, was sie glauben wollen.

So hat denn die Wunderkraft des Weines am Rhein manch eine Legende entstehen lassen, die schlichten Naturereignissen die höheren Weihen von Mirakeln gab und die Menschen in die Lage versetzte, sogar noch das Unglaubliche für wahrscheinlich zu halten. Was man sich nicht erklären konnte, war eben ein Wunder. Und wenn man daran glaubte, mußte man es nicht mehr erklären!

Die viereckige Öffnung in einem Felsen nahe der Lorelei, so erzählte man sich, sei das Bett Sankt Goars gewesen, eines aquitanischen Mönchs, der an dieser Stelle verunglückten Reisenden und Schiffern immer wieder zu Hilfe gekommen sei. Ganz selbstlos allerdings, das versteht sich, sind auch Heilige nur höchst selten. Nach getaner Rettungsarbeit nämlich verkündete der Mönch den Leuten das Evangelium. Die Sache scheint funktioniert zu haben: Einer Todesgefahr entronnen, ist der Mensch vermutlich bereit, alles zu glauben, was man ihm zu glauben nahelegt.

Wenn sich der Wohltäter obendrein noch auf Kunststückchen versteht, hat er leichtes Spiel. Selbst der Bischof von Trier, ein gewisser Rusticus mit einem ganz und gar unchristlichen Lebenswandel, ließ sich überzeugen. Er hatte den Mönch aus dem viereckigen Loch in seine Residenz bestellt, damit er dort seine Wunderkraft unter Beweis stelle.

In der Chronik steht geschrieben:

»Zum Zeichen, daß ihn Gott erleuchte
Hing er, was Jeden Wunder deuchte,
Den Mantel in des Königs Saal
An einen goldnen Sonnenstrahl.«

Das wäre schon mal ein hinreichend beweiskräftiges Kunststück gewesen. Aber seine Eminenz, der sittenlose Bischof, wollte es genau wissen. Er verlangte mehr, und das ließ sich einrichten. Der wohltätige Mönch wurde aufgefordert, einem noch in den Windeln liegenden »Findling«, womit ein Findelkind gemeint war, das Geheimnis zu entlocken, wer sein Vater sei. Das aber hätte der Kirchenfürst doch lieber nicht tun sollen; denn nun kam eine peinliche Wahrheit ans Licht. »Der Heilige gebot«, notierte ein Chronist, »und der Säugling sprach mit vernehmlichen Worten: ›Der Bischof Rusticus ist mein Vater!‹«

So ganz ohne Genanalyse, nur mit ein bißchen spiritueller Intuition, angeregt vermutlich durch ein beherztes Tröpfchen aus einem Weinpokal.

Die Welt spreche immer vom unmäßigen Trinken, klagte ein Autor des 18. Jahrhunderts, aber niemals spreche sie vom großen Durst.

Wohl wahr! Ein bißchen klingt das so, als habe sich der Mann entschuldigen wollen. Lessing ist ihm denn auch zur Seite gesprungen mit der griffigen Formel, zuviel könne man wohl trinken, aber nie trinke man genug.

Welch Wunder, daß man dort, wo den durstigen Seelen das Weintrinken in die Wiege gelegt wird, solche Weisheiten aus eines Dichters Mund gern vernahm und man sich dann auch manchmal in der eigenen Trinkfestigkeit überschätzte!

Von einem edlen Ritter Boos von Waldeck ist überliefert, er habe mit einem Rheingrafen gewettet, er könne einen ganzen Kurierstiefel voll Rheinwein austrinken. Der Herr Graf solle nur einen angemessenen Preis aussetzen, dann wolle er allen Anwesenden beweisen, daß er nicht nur große Sprüche mache, sondern denen durchaus auch aller Ehren werte Taten folgen lassen könne.

Der Graf hatte gerade ein kleines Dörfchen übrig, das den Namen Hüffelsheim trug. Weil er damit nicht so recht etwas anzufangen wußte, wollte er wenigstens seinen Spaß haben. Mit eigener Hand soll der Herr Graf den Stiefel randvoll gegossen haben, und der Herr von Waldeck trank den ledernen Humpen in einem Zug bis zur Brandsohle leer. Durch die Tat mutig geworden, fragte er großspurig, ob der Kurier nicht noch einen zweiten Stiefel dagelassen habe; denn er wolle sich den schönen Ort Roxheim auch noch mannhaft ersaufen.

Dieser zweite Teil der »Romanze« aber ist pure dichterische Freiheit. Denn schon nach dem ersten Leistungs-Trinken berichtete ein Zeuge:

»Er schwenkte den Stiefel und trank ihn leer, Und warf sich zurück in den Sessel schwer.«

Was uns der Chronist verschweigt, ist die betrübliche Tatsache, daß sich der Herr von Waldeck aus seinem Sessel nicht wieder aufgerappelt hat und noch »in derselben Nacht Todes verfuhr«.

Daß hingegen der erste Teil der Geschichte wahr sein muß, ergibt sich aus einer einfachen und nicht zu widerlegenden Logik: Das Dörfchen Hüffelsheim hat noch lange Zeit der Familie derer von Waldeck gehört.

Elsa, der Schwan und die Heinzelmännchen

Die Geschichte hat etwas Anrührendes. Sie schildert das blinde Vertrauen einer liebenden Frau und deren legitimes Interesse, eigentlich ganz gern wissen zu wollen, mit wem sie sich eingelassen hat.

Die Rede ist von einer gewissen Elsa von Brabant. Die Eltern und den Bruder hatte sie verloren. Da saß sie nun, ganz einsam, auf einem hübschen Häufchen Erbschaft. Das war insofern verhängnisvoll, als Frauen in der Situation der armen, reichen Elsa niemals genau wissen, ob sie gemeint sind oder nur ihr schönes Geld, wenn sie angebaggert werden. Oder – wie man das im Mittelalter so feinfühlig auszudrücken pflegte – wenn einer sie in die Mysterien der Minne einzuweihen gedachte.

Bei der gutherzigen Elsa von Brabant stand ein finsterer Freier auf der Matte, der immer nur an das Geld dachte, wenn er um die Angebetete werbend von Liebe sprach. Telramund hieß der Schurke, der gern zum Zuge gekommen wäre. Wie immer, wenn es in einer Sage eng wird für eine sympathische Hauptdarstellerin auf der Bühne des Lebens, dann naht von irgendwo her eine ganz und gar unglaubwürdige Rettung.

»Deus ex machina« nannten das die Leute vom klassischen Theater, weil dann meistens von oben herab ein maschinenbewegter Retter einschwebte, der verwickelte Familiengeschichten irgendwie wieder ins Reine brachte.

Im Falle der Elsa kam die Rettung nicht von oben, sondern sie schipperte in einem merkwürdigen Gefährt den Rhein herauf oder herunter – so genau weiß man's nicht. Jedenfalls ließ der edle Retter, ein geheimnisvoller Ritter, seinen Kahn von einem wunderschönen weißen Schwan ziehen. Das war genial in die Zukunft gedacht; denn natürlich schwante dem Schwanenritter-Retter, daß er eines Tages auf den Opernbühnen der Welt zu Hause sein würde. Und auf der Bühne macht sich der Gag mit dem am Band über die Bühne gezogenen Schwan immer besonders gut.

Erst mal schlug der edle Unbekannte den abgrundbösen Telramund in die Flucht. Dann entdeckte er – man ahnt es schon – sein Herz für Elsa und heiratete sie.

Elsa hatte in die Beziehung eingewilligt, obwohl ihr schier Unmenschliches abverlangt worden war. »Nie sollst du mich befragen!« hatte ihr der geheimnisvolle Schwanenritter auf dem Weg zum Hochzeitsbett gesagt. Und er meinte damit, er wolle die Ehe anonym durchziehen. Ein Standesamt, das sich die Ausweise zeigen läßt und für Recht und Ordnung sorgt, gab es ja noch nicht! Und es hätte in einer sagenhaften Liebesgeschichte wohl auch gestört.

Anfangs ging die Sache recht gut. Die beiden lebten herrlich und in Freuden, leider nicht bis an ihr seliges Ende. Inzwischen hatten nämlich ein paar Kinderchen das Licht der Welt erblickt und die Ehe gekrönt, wie man das euphemistisch zu nennen pflegt. Da hielt es Elsa beim besten Willen nicht mehr aus. Schließlich will eine Frau wissen, wer der Vater ihrer lieben Kleinen ist. Also stellte sie ihm in einer schwachen Stunde die verbotene Frage nach seinem Namen und woher er komme.

Das war das Ende der Familienidylle. Kaum war die Frage ausgesprochen, da kam wieder der offenbar in der Nähe lauernde Schwan mit einem Kahn im Schlepptau angeschwommen. Der Ritter ging an Bord und machte sich über die Fluten des Rheins auf und davon.

Fortan agierte Elsa als alleinerziehende Mutter. Sie war zwar um einen Mann ärmer, dafür aber um die Erkenntnis reicher, daß man niemals neugierig sein soll. Was einer Frau schier unmenschliche Kräfte abverlangt.

Immerhin wußte Elsa jetzt aber wenigstens, daß sie die Bettstatt mit Lohengrin, dem Ritter vom Heiligen Gral, geteilt hatte. Prominenz im Bett entbehrt ja nicht eines gewissen Reizes.

Wir wissen nicht, ob Elsa von Brabant ihre verhängnisvolle Neugier jemals bereut hat. Nachdem der erste Rausch der Leidenschaft mit einem Unbekannten verflogen war, mag sie die Abreise ihres geheimnisvollen Ritters vielleicht als weniger schmerzlich empfunden haben.

Weitaus ärgerlicher war da schon die folgenreiche Neugier einer Schneidersfrau aus der schönen Rheinstadt Köln; denn der unbezähmbare Wissensdurst der Frau ließ den Kölner Hausfrauen ihr überaus preiswertes Hauspersonal abhanden kommen.

»Wie war zu Köln es doch vordem mit Heinzelmännchen so bequem ...« haben wir in der Schule auswendig lernen müssen. Da durfte man es sich in grauer Vorzeit nämlich auf der Bank gemütlich machen, während eine fleißige Armee emsiger Heinzelmännchen über Nacht die Arbeit erledigte. Solange niemand der freundlichen Helfer ansichtig wurde, ging alles gut. Bis besagte Schneidersfrau nicht mehr an sich halten konnte. Um nicht vor Neugier zu platzen, schüttete sie abends getrocknete Erbsen auf den Boden. Als die Heinzelmännchen in der Nacht wieder an ihre Arbeit gehen wollten, purzelten sie lärmend durcheinander und wurden entdeckt. Fortan verweigerten sie ihre Dienstleistung.

Seitdem müssen die armen Kölnerinnen ihre Arbeit wieder selbst machen!

»Sie kämmt es mit goldenem Kamme ...«

Eine »Galionsfigur der deutschen Romantik« hat man sie genannt und ein »Eroticon deutscher Philister«. Blond war sie und verführerisch, damönisch, geheimnisvoll und zauberhaft im wahrsten Sinn des Wortes. Für vieles hat sie herhalten müssen, »sogar« – wie Wolfgang Minaty ironisch anmerkt – für »libidinöse Zwangs-, Traum- und Wahnvorstellungen«.

Nur eines war sie nicht: eine Navigationshilfe für Rheinschiffer. Sie war das genaue Gegenteil! Verlockend singend hockte sie auf ihrem Felsen, kämmte fortwährend ihr goldenes Haar, und sie muß dabei wohl so aufreizend gesessen haben, daß sich die Rheinschiffer in der Erwartung, einen Blick unter das viel zu kurze Hemdchen werfen zu können, die Hälse verrenkten und ihren Kahn prompt gegen den Felsen steuerten. Wie auch hin und wieder ein nicht der Binnenschiffahrt verbundener Zeitgenosse sein Lebensschiff angesichts einer Blondine auflaufen läßt!

Loreley hieß die Dame, die unzähligen Schiffern das Leben gekostet hat und noch mehr Dichtern die Phantasie durchgehen ließ.

Schon beim Aussprechen – was heißt aussprechen: beim Hinhauchen – des Namens gerieten die Dichterscharen in Verzückung. So wie um die Mitte des vergangenen Jahrhunderts der Name Marilyn einer ganzen Männergeneration samt ihren zu Jünglingen herangereiften Söhnen einen sanften Schwachsinn widerspiegelnden Glanz in die Augen trieb.

Dabei bezeichnet der Name Loreley etwas ganz und gar Unpoetisches: »Lore« bedeutet soviel wie Rauschen, und »Ley« bezeichnet einen Felsen. Und die Dame Rauschenfels ist auch nicht die Titelheldin eines Märchens aus uralten Zeiten, wie uns Heinrich Heine weismachen will, sondern zu seinen Zeiten eine blutjunge Schönheit, die Clemens Brentano in die Welt gesetzt hat. Zwar hat der Vater der »Lore Ley« sich bei seinem geistigen Zeugungsakt von den Geschichten und Hexen, Zauberinnen, Undinen, Nixen, Berg- und Baumgeistern inspi-

rieren lassen, aber dann doch lieber eine Dame aus dem bürgerlichen Milieu zu literarischen Ehren aufsteigen lassen.

»Zu Bacharach am Rheine,
Wohnt eine Zauberin,
Die war so schön und feine
Und riß viel Herzen hin,
Und machte viel zuschanden
Der Männer rings umher,
Aus ihren Liebesbanden
War keine Rettung mehr.«

Nur der eine, den sie so gern gehabt hätte, ausgerechnet der ließ sie sitzen, wie das Leben so spielt.

Sogar der Bischof, dem sie sich wegen ihrer Anziehungskraft auf Männer der Zauberei verdächtig gemacht hatte, war – Zölibat hin, sündige Gedanken her – ziemlich bei der Sache, als er der Dame ansichtig wurde:

»Der Bischof ließ sie laden
Vor geistliche Gewalt,
Und mußte sie begnaden,
So schön war ihr' Gestalt.«

Kürzen wir Brentanos dramatische Geschichte ein wenig ab: Der Empfehlung des Bischofs, sie solle in ein Kloster gehen (vielleicht ja, um unauffälliger an sie herankommen zu können), mochte die Lore Ley nicht folgen. Statt dessen stürzte sie sich in den Rhein.

Eigentlich hätte es das gewesen sein können: Eine Alltagsgeschichte so recht aus dem harten Leben gegriffen.

Nun aber entfaltete die Geschichte eine gewisse Eigendynamik. Sie mutierte zu einem Märchen, dessen Handlungsrahmen sich auf vielfältige Weise veränderte, je nachdem, wer Hand an die Loreley legte. Das ging sogar so weit, daß man eine »Frau Lureley« zur Hüterin des Nibelungenschatzes machte.

Wenn Heine nicht wußte, warum ihm das »Märchen aus uralten Zeiten«

nicht aus dem Sinn gehen wollte, dann wußten andere ziemlich genau, warum sie sich der Geschichte bemächtigten: Komponisten, weil sie glaubten, es besser zu können als Silcher, dessen Loreley heute zwar kaum an deutschen Schulen, wohl aber in China und Japan gesungen wird. Oder Komponisten, die es weniger lyrisch, sondern dramatischer wollten: Felix Mendelssohn Bartholdy etwa oder Max Bruch. So richtig Glück hatte keiner von ihnen; denn ihre Stücke gingen sang- und klangvoll unter. Am meisten Pech hatte Charles Gounod, denn der segnete das Zeitliche, bevor er seinen Plan, eine »Loreley«-Oper zu schreiben, in die Tat umsetzen konnte.

Romantische Sujets, das liegt in der Natur der Sache und des Menschen, forderten Parodisten und Satiriker auf den Plan. Karl Valentin, der sich nicht scheute, selbst in die Rolle der Loreley zu schlüpfen. Oder Erich Kästner, der eine wahre Begebenheit zum Anlaß nahm, falschverstandenem Heldentum die Maske vom Gesicht zu reißen. Es geschehe heutzutage noch manches, läßt er seine Leser wissen, was der Steinzeit ähnlich sieht. Zum Beispiel das vermeintliche Kunststück eines eifrigen Turners, der hochoben auf dem Felsen einen Handstand wagte, »mit hohlem Kreuz und lustbetonten Zügen«. Der Mann habe Wehmut in seinem Turnerblick gehabt, sei bei dem Gedanken an Heines Loreley abgestürzt und habe sich das Genick gebrochen. Immerhin, so tröstet Kästner, sei der Mann als Held gestorben: »Ein Augenblick mit zwei gehobnen Beinen ist nicht zu teuer mit dem Tod bezahlt.«

So ist denn nicht einmal ein gescheiterter Jünger des Turnvaters Jahn auf der Loreley unnütz. Man kann ihn immer noch als schlechtes Beispiel für andere benutzen!

Ein Ruf wie Donnerhall

Was immer der gute alte Vater Rhein in uns bewegt – es sind nicht immer die edelsten Emotionen, die er aus dem Labyrinth einer deutschen Seele herauslockt. Obwohl man ehrlicherweise zugeben muß, daß der Zeitgeist hier kräftig mitgestrickt hat.

Die »Wacht am Rhein«, die eine höchst überflüssige Muse einem gewissen Max Schneckenburger eingehaucht hat, ist so ein säbelrasselndes Werk, von denen in der Zeit nationalistischen Überschwangs etliche entstanden. Die »Wacht am Rhein«, die ihre Botschaft von muffigen Stammtischen und politischen Debattierclubs aufsteigen ließ in eine politisch vergiftete Atmosphäre, ließ das liebe Vaterland wissen, es möge ruhig sein, da ja »der deutsche Jüngling fromm, stark und voll stolzer Kampfeslust« den deutschen Rhein schon irgendwie deutsch bleiben lasse.

Kein Feind, so versichert der Dichtersmann, werde je den Strand des Rheins betreten! Nun ja, er war gerade einmal zwanzig, der Herr Schneckenburger, als er den gewagten Schwur in der ersten Hälfte des 19. Jahrhunderts zu Papier brachte. Die literarische Welt kann von Glück sagen, daß den Dichter schon im zarten Alter von einundzwanzig Jahren ein gütiger Tod dahinraffte, was ihn verständlicherweise daran hinderte, noch weitere Lieder dieser Art zusammenzudichten. Und sicher hat ihn sein früher Tod vor der bitteren Erkenntnis bewahrt, daß die Geschichte manchmal anders geschrieben wird als sie sich ein Jüngling mit Blick auf einen vermeintlichen Erbfeind im südlichen Nachbarland des Deutschen Reichs in seiner Phantasie zusammenreimt.

Auch reifere Herren, immer auf der Suche nach denkmalwürdigen Objekten der Geschichte, haben sich Gedanken darüber gemacht, wie übersteigertes deutsches Nationalbewußtsein ins Bild zu setzen sei. Kein Ort schien ihnen dafür besser geeignet als die Stelle, an der Mosel und Rhein zusammenfließen. Bekanntlich trägt der Platz den anheimelnden Namen »Deutsches Eck«. Und genau dort haben die Lobpreiser deutscher Kriegserfolge ein gigantisches wilhelminisches Kunstwerk aufgebaut: Wilhelm Eins in mehr als voller Lebensgröße.

Einen »Faustschlag aus Stein« nannte Kurt Tucholsky das Denkmal, das ihm bei der ersten Begegnung den Atem verschlug. Wie ein riesiger Tortenaufsatz sehe das Kunstwerk aus, spöttelte der Meister des Wortes, und es repräsentiere jenes Deutschland, das am Kriege – die Rede war vom Ersten Weltkrieg – das eben an diesem Kriege schuld gewesen sei.

Man muß sich die Denkmalsbeschreibung Tucholskys auf der Zunge zergehen lassen: »Oben jener, auf einem Pferd, was Pferd! auf einem Roß, was Roß! auf einem riesigen Gefechtshengst wie aus einer Wagner-Oper, hoihotoho! Der alte Herr sitzt da und tut etwas, was er all seine Lebtage nicht getan hat: Er dräut in die Lande, das Pferd dräut auch ...«

Der mit wilhelminischen Sprachgepflogenheiten weniger vertraute Leser mag die Belehrung verzeihen, daß »dräuen« etwas Bedrohliches bezeichnet. Seine Majestät schickt also einen drohenden Blick ins weite Land und sein Schlachthengst – es ist ja ein wilhelminischer – ebenfalls.

Um solcher respekteinflößenden Blicke fähig zu sein, bedarf es eines angemessenen bildhaften Rahmens, den Tucholsky sich genau angesehen hat: »Ornamente und sich bäumende Reptile und gewürgte Schlangen und Adler und Wappen und Schnörkel und erbrochene Lilien und was weiß ich ... es war ganz großartig.«

Natürlich hat Tucholsky das bitter-ironisch gemeint. Denn Ironie ist bekanntlich die Rache des menschlichen Geistes an der Gesellschaft. Oder vielleicht zu diesem Zeitpunkt bei ihm schon eher – wie es Anatole France einmal formulierte – die letzte Phase der Enttäuschung.

Gekrönt werden die fünf Millionen Kilogramm Denkmal bei Koblenz von dem eingemeißelten Spruch: »Nimmer wird das Reich zerstöret, wenn ihr einig seid und treu.«

So ist das Leben: Nicht einmal mehr auf markige Denkmalsprüche kann man sich noch verlassen!

Anzumerken wäre an dieser Stelle noch, daß bei dem Gedanken an Altvater Rhein manchmal auch jene der Sogkraft hehrer Aufbruchstimmung erlagen, denen man es so zumindest nicht unbedingt zugetraut hatte.

Während einer Rheinwanderung schrieb ein gerade in Xanten eingetroffener Tourist in seinen Reisenotizen: »Was ist es, das (!) uns die Sage von Siegfried so mächtig ergreift? Nicht der Verlauf der Geschichte an sich, nicht der schmählichste Verrat, dem der jugendliche Held unterliegt; es ist die tiefe Bedeutsamkeit, die in seine Person gelegt ist. Siegfried ist der Repräsentant der deutschen Jugend. Wir alle, die wir ein von den Beschränkungen des Lebens noch ungebändigtes Herz im Busen tragen, wissen, was das sagen will. Wir fühlen alle denselben Tatendurst, denselben Trotz gegen das Herkommen in uns, das Siegfrieden aus der Burg seines Vaters trieb: das ewige Überlegen, die philiströse Furcht vor der frischen Tat ist uns von ganzer Seele zuwider, wir wollen hinaus in die freie Welt, wir wollen die Schranken der Bedächtigkeit umrennen und ringen um die Krone des Lebens, die Tat.«

Der Mann entpuppte sich als realistischer Romantiker durch und durch, wenn er bekannte:

»... ich will hinuntergehen an den Rhein und lauschen, was die abendrotumstrahlten Wellen der Muttererde Siegfrieds erzählen von seinem Grabe zu Worms und vom versenkten Horte. Vielleicht daß eine gütige Fee Morgana mir das Schloß Siegfrieds neu erstehen läßt oder mir vorspiegelt, was seinen Söhnen im neunzehnten Jahrhundert für Heldentaten vorbehalten sind.«

Der Mann, der das 1840 schrieb, war Friedrich Engels, der ein paar Jahre später zusammen mit Karl Marx das Kommunistische Manifest ausheckte und damit Heldentaten der besonders verwerflichen Art auslöste.

Brüder, vernehmt die Signale!

Rheinländer: Geborene, gelernte und angelernte

Der erste Rheinländer, der sich diesen Ehrentitel redlich verdient hat, war ohne Zweifel der Neandertaler. Wenngleich man sich der Erkenntnis nicht verschließen kann, daß sich sein Beitrag zu der vielgepriesenen Kulturgeschichte der Rheinregion in Grenzen hält. Abgesehen davon, daß er als liebenswerter Anonymus durch die Geschichte geistert und sich mancherlei Spekulationen um seine Bedeutung ausgesetzt sah.

Geben wir deshalb einem anderen die Chance des Premieren-Helden. Der auf dem Programmzettel der Weltgeschichte namentlich erwähnte erste Rheinländer war Ariovist. Sie erinnern sich: der Suebenkönig, der nach dem Wortgefecht in der Rheinebene von Mühlhausen vor Caesar davongelaufen ist. Aber ein verlorenes Wortgefecht ist noch lange kein verlorener Kulturkampf! Der Germane Ariovist darf nämlich für sich in Anspruch nehmen, einen eben so tragfähigen Grundstein für die »kulturstiftende Wirkung des Stromes« gelegt zu haben wie die Römer. Notabene: auch die Römerinnen.

Einer zumindest wollen wir unsere Reverenz erweisen, auch wenn sie die Geschichtsschreibung nicht gerade als Paradebeispiel eines weiblichen Sympathieträgers zu preisen hat.

Agrippina war die Tochter des Germanicus, des Befehlshabers der römischen Rheinarmee. Sie war eine – wie man heute sagen würde – machtbesessene Emanze. Und das wollte sie der Welt auch zeigen!

Wie kann eine Frau ihre Machtstellung besser demonstrieren als dadurch, daß sie sich einen einflußreichen Mann angelt. Agrippina zog in die römische Chefetage ein, indem sie in zweiter Ehe Kaiser Claudius heiratete. Wenn auch nicht für allzu lange. Als sie nämlich zur »Augusta« befördert worden war, hatte sie ihr Ziel erreicht. Wozu braucht eine Frau dann noch einen Mann?

Ich höre meine geschätzten Leser keinen Protest anmelden und genieße es, daß sie mir rechtgeben!

Agrippina sann auf die sicherste Art, ihren Angetrauten wieder loszuwerden. Und die sicherste Art war es nun einmal, ihn kurzerhand umbringen zu lassen.

Gut bekommen ist der mordlustigen Dame die Sache allerdings auch nicht; denn ihr eigener Sohn Nero setzte die Familientradition munter fort und entledigte sich ihrer auf dieselbe fragwürdige Weise: Er ließ Agrippina ermorden.

Lassen wir einmal die unappetitliche Familiengeschichte beiseite, dann kommt der Agrippina immerhin das Verdienst zu, am Rhein die Gründung einer Veteranenkolonie durchgesetzt zu haben: die Colonia Claudia Ara Agrippinensis, die wir heute schlicht »Köln« nennen.

Bleibt also festzuhalten: Ohne die mörderische Agrippina hätten wir heute keine so schöne, stolze, sehr anregende und aufregende Stadt, die im Mittelalter zu einer der erfolgreichsten Hansestädte heranreifte. Wir hätten keinen so eindrucksvollen Dom mit Bahnanschluß (oder wie man gelegentlich hört: Eisenbahnstation mit eigener Bahnhofskapelle), und

wir hätten vor allem kein »Alaaf«, was aus der Sicht rheinischer Frohnaturen vielleicht der schmerzlichste Verlust wäre.

Alle die Gestalten, die im Laufe der Zeit mehr oder weniger spektakulär ihre »kulturstiftende Wirkung« für das Rheinland entfaltet haben, auch nur aufzuzählen, würde den Rahmen sprengen. Ein paar von ihnen aber sollen zu Ehren kommen.

Die Namensliste reicht von Malern wie Stefan Lochner und Grünewald bis zu Rembrandt und nicht zuletzt Gottfried von Schadow. Sie reicht von großen Gelehrten wie den Mystiker Heinrich Seuse und Meister Eckhart bis hin zu dem aufklärerischen Humanisten Erasmus von Rotterdam und seines Straßburger Pendants Jacob Wimpheling.

Einige Dichter wie Zuckmayer und Böll sind schon zu Wort gekommen. Aber auch Thomas Murner und Peter Hebel dürfen wir nicht vergessen, wenn wir von denen sprechen, die dem Rheinland ihre Glanzlichter aufgesetzt haben und die ihrerseits einen Teil ihrer Identität aus der einzigartigen und anregenden Landschaft bezogen haben.

Der Musiker Robert Schumann fühlte sich dem Rhein so verbunden, daß er ihm nicht nur seine »Rheinische Sinfonie« widmete, sondern sich auch im Rhein zu ertränken versuchte. Er mußte allerdings feststellen, daß er fürs Praktische keine rechte Begabung hatte; denn der Versuch scheiterte. Erfolgreicher war dabei die aus Karlsruhe stammende Karoline von Günderode. Sie stürzte sich bei Winkel in den Strom, um ihr junges Dichterleben zu beenden. Angeblich aus Liebeskummer. Ob das allerdings der einzige Grund war, blieb der Nachwelt verborgen. Denn, so hat ihr rheinländischer Dichterkollege Heinrich Heine einmal angemerkt, wer sich aus Liebeskummer das Leben nehme, der hätte sich über kurz oder lang auch aus jedem anderen Grund das Leben genommen.

In dieser zugegebenermaßen spärlichen Auflistung großer Geister, die am Rhein zur Welt gekommen sind oder die an seinen Ufern gelebt haben und die sich haben von ihm inspirieren lassen, darf Clemens von Brentano sowenig fehlen wie Joseph von Görres, der Philosoph Kardinal Nicolaus von Cues nicht, und vor allem nicht Ludwig van Beethoven, von seinen Verehrern zum »Weltgenius vom Rhein« erhoben. Sie alle haben am Rhein, jeder auf seine Weise, ihre bis in unsere Zeit nachwirkenden Akzente gesetzt und ihre Botschaften vom Rheinufer aus in die Welt geschickt.

Und nicht zu vergessen ist ein Rheinländer, der Gigantisches, Umwälzendes, die Welt Veränderndes geschaffen hat und dabei gleichwohl in seiner persönlichen bürgerlichen Existenz gescheitert ist: Ein Lehrstück geradezu für die gelegentliche Unfähigkeit eines Genies, sich in der rauhen Welt der Realitäten den ihm gebührenden Platz zu sichern! So jedenfalls hat die Geschichtsschreibung jahrhundertelang den Mainzer Johannes Gutenberg gesehen: den Erfinder der beweglichen Lettern als Grundlage für den Buchdruck, von seinem Geldgeber, dem Kaufmann Johannes Fust, unanständig über den Tisch gezogen! Am Ende nämlich gehörte Fust nicht nur die Hälfte der gedruckten Bibeln, sondern auch die Druckerei, die der Kaufmann und Geldverleiher Fust zusammen mit dem Gutenberg-Mitarbeiter Peter Schöffer erfolgreich weiterführte. Warum das Gericht damals gegen Gutenberg entschied und ihm die Druckerei wegnahm, ist nicht belegt. Wohl aber, daß Fust behauptet hatte, Gutenberg habe die ihm zwischen 1449 und 1453 geliehenen 1600 Gulden »zweckentfremdet«.

Vielleicht war Gutenberg mit den Spielregeln des Lebens doch besser vertraut als die Legende ihm zugestehen mochte. Er war eben ein echter Rheinländer!

Zum Lob des Rheinweins: Sagenhaftes und Unglaubliches

Noah, so sagt die Überlieferung, habe die Weinrebe, kaum der Sintflut entronnen, als erster gepflanzt, gepflegt und kultiviert.

Gräbt man weiter im Legendenschatz, dann wird man erkennen, daß es sich bei der Weinrebe um ein höchst unschuldiges Gewächs handelt. Die jüdische Mythologie hat uns eine hübsche Legende hinterlassen, die das belegt: Alle Bäume der Welt hätten einen erbitterten Disput ausgefochten, welchem von ihnen die besten und lobenswertesten Eigenschaften zuzuschreiben seien. Nur der Weinstock schwieg und senkte seine Ranken bescheiden zu Boden. Das rührte den Menschen. Er trat zu ihm, band die Ranken der Pflanze empor, und dankbar brachte der Weinstock nun die herrlichsten Früchte hervor.

Die Früchte wiederum bringen hervor, was einen Literaten des 19. Jahrhunderts zu einem bemerkenswerten Vergleich inspirierte. Ludwig Kalisch – der Deutschland 1849 wegen seiner Beteiligung an der 48er-Revolution verlassen mußte – behauptete, nicht der Affe habe die größte Ähnlichkeit mit dem Menschen, sondern der Wein. Er begründete seine Erkenntnis so: »Kaum zur Reife gediehen, wird er gestoßen, gerüttelt, mit Füßen getreten und auf die Folter gelegt, bis er seinen Geist – nicht aufgibt, sondern – von sich gibt. Je geistreicher er ist, desto mehr wird er gepeinigt. Aber damit sind die Quäler noch nicht zufrieden; sie treiben förmlichen Schacher mit seinem Talente … Als ein wahres Genie wird er in den Kerker gesteckt und muß … jahrelang in dunklen Räumen schmachten. Ein großer Geist wird aber durch Unglück und rohe Behandlung nicht schlimmer, sondern besser. So auch der Wein. Denn in den Kellern lebt er in seiner inneren Gedankenwelt, und hier geht seine Geistesentwicklung der höchsten Stufe der Vollkommenheit entgegen.«

An einer anderen Stelle steht geschrieben: »Stolz, wie jedes Genie, ist auch der Wein. Den Plumpen, den Einfältigen wirft er in den Kot; den erhabenen, ihm

verwandten Genius aber, trägt er hoch in die Wolken und raunt ihm himmlische Gedanken ins Ohr.«

Und schließlich fragt uns Kalisch: »Was betrachten sie meine Füße, hochzuverehrende Herren? Glauben Sie, daß der Mensch an Würde verliert, wenn er wackelt? Hat nicht ein Esel vier gesunde Füße? Und geht der Esel nicht sicher und fest? Und hat Lord Byron nicht bloß einen gesunden Fuß gehabt? Aber ist darum ein nüchterner Esel ein edleres Geschöpf als ein trunkener Byron?«

Genaugenommen ist damit alles gesagt. Und genaugenommen wäre nur noch einmal daran zu erinnern, daß immer noch im Wein Wahrheit liegt.

Oder eigentlich doch nicht?

Ausgerechnet aus dem Land, das der Welt die eingangs zitierte Legende von dem so sympathisch-bescheidenen Weinstock bescherte, schwappte eine die Welt der Genießer in Aufruhr versetzende Nachricht an die Ufer des Rheins. Dort, wo einst Jesus bei der biblischen Hochzeit zu Kanaa das wissenschaftlich nicht erklärbare Wunder vollbrachte, pures Wasser in Wein zu verwandeln, hat die Wissenschaft zweitausend Jahre später ihrerseits die Welt mit einem an ein Wunder grenzenden Kunststück schockiert: Statt des göttlichen Beistands setzten die von allen Göttern verlassenen Doctores auf die Biotechnik. Beta-Glucosidase heißt das Wundermittel des 21. Jahrhunderts. Nicht Wandlung, sondern Verbesserung ist das Gebot der Stunde. Im Gegensatz zu dem Kanaa-Wunder ist allerdings dieses neuzeitliche Wunder durchaus erklärbar: Setzt man nämlich die Glucosidase bei der Weinherstellung ein, so zwingt sie den gegorenen Traubensaft, zusätzliche Aromastoffe freizusetzen. Durch sie werden die aromaverstärkenden Monoterpene aus ihrer Bindung an die Zuckermoleküle befreit und das Weinaroma dramatisch verbessert. Die würdigen Herren der Hebräischen Universität setzten ihre Erkenntnis flugs in die Tat um.

In vino vertitas? Natürlich. Die Wahrheit im Wein ist durch den Zusatz ja nicht außer Kraft gesetzt. Es ist eben nur eine andere Wahrheit!

Was bleibt, und was der Wein – so oder so – immer noch zustande bringt, hat Henry Fieldings 1749 in seinem »Tom Jones« so trefflich beschrieben: Der Wein kehre die Natur niemals um oder erzeuge Leidenschaften, die vorher nicht in uns existierten. Er schaffe nur die wachhaltende Vernunft beiseite und zwinge uns, alle die Dinge an den Tag zu bringen, die wir nüchtern verbergen können. Er erhöhe und entflamme unsere Leidenschaften … so daß »das zornige, das verliebte, das edle, das gutlaunige, das geizige und jedes andere menschliche Naturell beim Weinglase sich steigert und offen darstellt«.

Das gilt sicher auch für jene Gefühle, die ein bestimmtes Genre von Dichtkunst freisetzen. Patriotische Rheinlieder, so notierte der Schriftsteller Herbert Heckmann, seien so etwas wie ein patriotisches Wiederholungstheater. Ein Meister dieses Theaters war Theodor Körner, der dem Rheinwein das Lob spendete:

»Am Rhein, am Rhein
Reift deutscher Wein
Und deutsche Kraft
Im Rebensaft,
Dem Vaterland mit voller Macht
ein dreifach donnernd Hoch gebracht.«

Am Ende relativierten sich auch solche Stimmungen nationalen Überschwangs. Denn, so hatte der Geheimrat Goethe der Nachwelt überliefert:

»Mag sich der Most auch noch so wild gebärden – er wird am Ende doch ein guter Wein.«

Zum Lesen empfohlen

Der beredte Bacchus
Weinliteratur aus allen Jahrhunderten
gesammelt und erläutert von
Herbert Heckmann
Landau/Pfalz 1992

Trinkpoesie
Gedichte aus aller Welt
Hgg. Mark Bannach und Martin Demmler
Stuttgart 1989

Der Rhein
Hgg. Kristiane Müller
APA Guides
Berlin u. a. 1990

J. Albrecht Cropp
Der Rhein
Von den Alpen bis zur Nordsee
Mit Texten von Heinrich Böll u. a.
Eschborn 1988

Der Rhein
Text von Hans-Jürgen Truöl
Luzern 1986

Karl Christoffel
Wein-Lese-Buch
München 1965

Karl Simrock
Das malerische und romantische Rheinland
(um 1840)
Nachdruck Hildesheim, New York 1975

Paul Hübner
Der Rhein
Von den Quellen bis zu den Mündungen
Frankfurt 1974

Die schönsten Geschichten vom Wein
Hgg. Petra Preisig
Bern, München, Wien 1994

MEINE REISEERINNERUNGEN

MEINE REISEERINNERUNGEN

MEINE REISEERINNERUNGEN

MEINE REISEERINNERUNGEN